Caroline Klima
Maria Adam
Herbert Koller

WIR vom Jahrgang 1935

Kindheit und Jugend in Österreich

Wartberg Verlag

Impressum

Bildnachweis:

Cover:
Ekkehart Putzker: o. r., M. r.; Helga Prost: M. l.; Herbert Koller: u. l., u. r.

Innen:
Ekkehart Putzker: S. 4, 6, 8 u., 9, 10 o., 15, 17 o., 18, 20 u., 24 o., 25, 27, 28, 29, 31, 36, 38, 39, 42, 47 u.; Ingrid Putzker: S. 5, 12 u., 19 o., 21 o.; Brigitta Klima: S. 7, 10 u., 11 o., 12 o., 14, 16, 17 u., 33, 34, 37, 43, 44, 45, 46, 47 o.; Herbert Koller: S. 8 o., 40 r., 41, 53 u., 54 u., 55 u., 56, 57, 58, 59, 60 o., 61 o. r., 61 o. l., 61 M., 62, 63; Helga Prost: S. 11 u., 24 u., 53 o., 60 u.; ullstein bild – Jochen Blume: S. 13 o.; ullstein bild: S. 13 u.; Unilever Austria, THEA Kochberatung www.thea.at: S. 19 u.; Maria Adam: S. 20 o., 22 u., 32, 35, 40 l., 49, 50, 51, 55 o.; Caroline Klima: S. 21 u. (Klima GesmbH, 1110 Wien), 48; Regina Stillebauer: S. 22 o., 23, 30 o., 61 u.; Sonja Kajcsa: S. 26, 30 u., 54 o.; ullstein bild – CARE Deutschland e.V.: S. 52

Wir danken allen Lizenzträgern für die freundliche Abdruckgenehmigung. In Fällen, in denen es nicht gelang, Rechtsinhaber an Abbildungen zu ermitteln, bleiben Honoraransprüche gewahrt.

2. Auflage 2019

Gestaltung: Ravenstein und Partner, Verden
Satz: Schneider Professionell Design, Schlüchtern-Elm
Druck: Druck- und Verlagshaus Thiele & Schwarz GmbH, Kassel
Buchbinderische Verarbeitung: Buchbinderei S. R. Büge, Celle

D-34281 Gudensberg-Gleichen • Im Wiesental 1
Telefon: +49(0)5603/93050 • www.wartberg-verlag.de
ISBN: 978-3-8313-2635-8

VOR-WORT

Liebe 35er!

Wir hatten uns keine leichte Zeit ausgesucht, um in diese Welt zu kommen. In Österreich herrschte eine diktatorische Regierung, die Wirtschaftskrise hielt die Arbeitslosigkeit hoch und in unserem Nachbarland Deutschland bereitete sich Adolf Hitler auf den nächsten Krieg vor. Unsere ersten Lebensjahre waren geprägt von politischen Spannungen, wirtschaftlicher Unsicherheit und persönlichem Mangel.

In unserer Schulzeit lauschten wir dem Sirenengeheul, sammelten für die Soldaten an der Front und flüchteten vor den drohenden Bombenangriffen. Wir fürchteten uns im Luftschutzkeller, und viele mussten den Tod lieber Angehöriger betrauern. Nach dem Krieg beherrschte der Hunger unseren Alltag, doch wir halfen unseren Müttern nach Kräften, aus Schutt und Trümmern ein neues Österreich aufzubauen und übernahmen dabei Aufgaben, für die wir vielfach noch zu jung waren.

Die zarten Anfänge des Wirtschaftswunders ließen auch unsere Freiräume wachsen. Wir gingen ins Kino, tanzten Boogie-Woogie und hörten die revolutionäre neue Jazzmusik. Mit unseren Freunden erlebten wir wahren Gemeinschaftssinn und holten uns auf diese Weise wenigstens ein kleines Stück unserer verlorenen Kindheit zurück. Wir 35er haben die schlimmsten Jahre der Geschichte überstanden und aus nichts eine hoffnungsvolle Zukunft für uns und unsere Kinder erschaffen.

Blicken Sie mit uns gemeinsam auf diese Jahre der Entbehrungen, aber auch der großen Erlebnisse und des jugendlichen Tatendrangs zurück!

Maria Adam   Herbert Koller   Caroline Klima

1935–1937

Ein Lichtblick in dunklen Zeiten

Gebären ist Frauensache

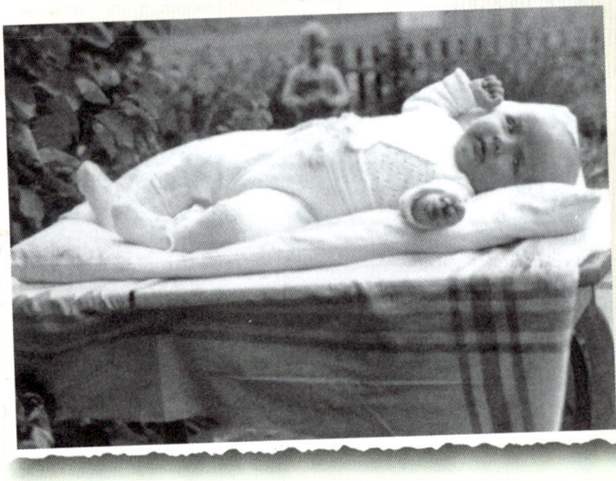

Hallo, ich bin da!

1935 – Was für eine Zeit hatten wir uns da ausgesucht, um ins Leben zu treten! Unsere Heimat hatte erst im Jahr zuvor einen schrecklichen Bürgerkrieg erlebt und war jetzt ein autoritärer Ständestaat, die Wirtschaft steckte noch immer in einer tiefen Krise und Österreichs nördlicher Nachbar Deutschland begann unbemerkt von der Weltöffentlichkeit, für einen Krieg zu rüsten.

Uns war das alles völlig gleich. Mit einem kräftigen Schrei begrüßten wir das Leben und unsere Mütter, die uns mit einem glücklichen Lächeln an ihre Brust schmiegten: Guat is gangen, nix is g'schehn! Die meisten von uns kamen immer noch zu Hause zur Welt. Nur in großen Städten wie Wien gab es von den Krankenkassen betriebene Frauenhospize, wo Arbeiterinnen ihre Kinder zur Welt bringen konnten. Auf dem Lande hingegen lebte die Tradition weiter, dass eine Geburt ein Ereignis für die gesamte weibliche Hälfte der Familie war: Schwester, Oma, Nachbarin – sie alle standen unseren Müttern schon während der

Chronik

22. März 1935
In Deutschland wird das erste regelmäßige Fernsehprogramm der Welt ausgestrahlt.

3. August 1935
Eröffnung der Großglockner-Hochalpenstraße nach fünfjähriger Bauzeit.

15. September 1935
Die „Nürnberger Rassegesetze" stellen Kontakte zwischen Juden und Nichtjuden unter Strafe.

11. Juli 1936
Im „Juliabkommen" sichert Deutschland Österreich seine Souveränität zu.

17. Juli 1936
Beginn des Spanischen Bürgerkrieges.

2. August 1936
Die Olympischen Sommerspiele in Berlin werden von den Nazis als Propagandaveranstaltung benützt.

26. April 1937
Die deutsche „Legion Condor" zerstört die baskische Kleinstadt Guernica.

6. Mai 1937
Das Luftschiff „Hindenburg" explodiert bei seiner Landung in Lakehurst (USA).

Juli 1937
Beginn der Errichtung des Konzentrationslagers Buchenwald bei Weimar (Deutschland).

19. Juli 1937
Eröffnung der Ausstellung „Entartete Kunst" in München. Über zwei Millionen Besucher sehen von den Nazis geächtete Kunstwerke.

17. September 1937
Die Rotunde, das zentrale Gebäude der Weltausstellung in Wien 1873, brennt nieder.

10. Oktober 1937
Die neue Reichsbrücke wird in Wien dem Verkehr übergeben.

Glücklich schloss uns Mama in ihre Arme.

Schwangerschaft hilfreich zur Seite, wenn sie unter Übelkeit und anderen Beschwerden litt. Schonen konnten sich unsere Mamas in dieser Zeit nicht, da wurde bis kurz vor der Geburt gearbeitet. Schließlich wollten die Felder bestellt, die Tiere versorgt und Mann und Familie verköstigt werden. Auch in den Fabriken war es um den Mutterschutz nicht besonders gut bestellt: Die gesetzlichen vier Wochen Beschäftigungsverbot für Arbeiterinnen nach der Niederkunft waren aber immerhin mehr, als vielen Bäuerinnen und Landarbeiterinnen vergönnt war.

Wenn es so weit war, wurde nach der Hebamme geschickt – zu Fuß meistens, oder mit dem Fahrrad, denn ein Automobil war ein Luxus, den nur ganz wenige Familien besaßen. Das Gleiche galt für das Telefon. Die Hebamme eilte so schnell wie möglich herbei, doch bisweilen war der Weg so weit, dass bei ihrer Ankunft schon alles vorbei war und sie nur noch das Abnabeln übernehmen musste. Schließlich wollten viele von uns nicht warten, wenn wir erst mal beschlossen hatten, uns ins Leben hinaus zu wagen.

Mama hatte bis kurz vor der Geburt arbeiten müssen.

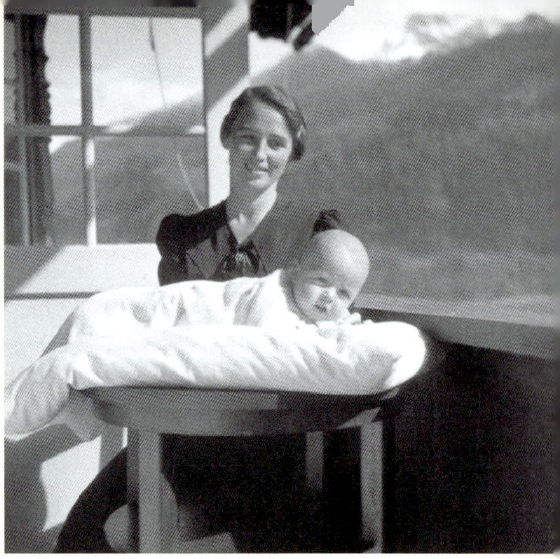

Endlich da!

Dass wir wohlbehalten und gesund das Licht der Welt erblickten, war gar nicht so selbstverständlich. Unter 100 Müttern konnten damals nur 97 ihr Baby glücklich in die Arme schließen. Die restlichen drei weinten bitterlich, weil sie nach der großen Vorfreude und all den Mühen der Schwangerschaft nun ein Totgeborenes zu beklagen hatten. Außerdem war die Zahl der Geburten in Österreich bereits seit mehr als zehn Jahren rückläufig: Es waren schwierige Zeiten, die Zukunft war mehr als unsicher und niemand konnte wissen, ob der Zeitpunkt richtig war, gerade jetzt eine Familie zu gründen. Daher hielten sich viele junge Paare mit diesem Schritt zurück, denn man fand auch damals bereits Mittel und Wege, um Nachwuchs zu verhindern.

Wir aber waren jetzt da, kräftig oder zart, gesund oder kränklich, blond, braun-, schwarz- oder rothaarig – oder überhaupt glatzköpfig. Und wir forderten mit Nachdruck unsere elementarsten Rechte ein: „Gib mir zu essen! Halte mich warm und fest! Hab' mich lieb!" Unsere Mütter bemühten sich nach Kräften, unseren Bedürfnissen nachzukommen. Doch zuerst einmal wurden wir gewaschen, gepudert, gewickelt, in ein sauberes Babykleidchen gesteckt und in einen Wickelpolster gebunden. An unserer Ausstattung hatten die Frauen in der Familie und Nachbarschaft wochenlang genäht und gehäkelt und gestrickt. Einiges erbten wir auch von größeren Geschwistern und Nachbarskindern. Was nicht mehr passte, wurde umgearbeitet oder weitergegeben – weggeworfen wurde nichts.

Der Stammhalter war Papas ganzer Stolz!

So herausgeputzt durfte uns dann endlich auch der stolze Papa erstmals sehen. Ungeschickt und unsicher nahmen uns die jungen, unerfahrenen Väter in den Arm – im Gegensatz zu unseren Mamas waren nur die wenigsten von ihnen auf ihr Vater-Dasein vorbereitet worden. Die Unterstützung durch Verwandte und Freunde beschränkte sich meistens auf das gemeinsame Warten im Schankhaus und ein herzliches Schulterklopfen, wenn endlich die positive Nachricht eintraf: „Du host an Buam!" Dann wurde der Stammhalter mit einer Flasche Wein gefeiert und nicht selten nach dem Vater benannt. „Es is a Madl!", hörte man in manchen Gegenden nicht ganz so gerne, vor allem, wenn noch kein Sohn vorhanden war. Aber die meisten „Großen" waren einfach nur froh, dass wir da waren: „Hauptsache: gesund!"

Freundlich begrüßten wir die Welt.

Beengte Verhältnisse

Zu Hause war es meist recht eng: „Zimmer, Kuchl, Kabinett" war vor allem in der Stadt schon eine relativ luxuriöse Wohnform. Viele Familien hatten überhaupt nur ein Zimmer mit einer kleinen Küche dran. Im Zimmer schliefen dann alle, Mama, Papa, Geschwister und wer sonst noch bei uns wohnte: Tante, Oma, Opa. Nicht selten gab es auch einen – oder mehrere – „Bettgeher", der sich morgens, wenn der Vater oder der Großvater aufgestanden war, ins noch warme Bett legte. Bettgeher arbeiteten nachts und schliefen tagsüber. Für uns Kinder bedeutete das, dass wir natürlich immer leise sein mussten, denn der Untermieter durfte nicht gestört werden: Die Familie war auf seinen Mietgroschen angewiesen.

In der Stadt befand sich das Klosett meistens auf dem Gang, wo sich mehrere Hausparteien ein WC teilten, was bisweilen zu langen Wartezeiten (und unangenehmen Gerüchen) führte. Die Bassena, der Wandbrunnen, wo unsere Mütter das Wasser zum Kochen, Waschen und Putzen holten, war vielerorts das Kommunikationszentrum des Hauses, doch da die täglichen Verrichtungen sehr zeitintensiv waren, blieb meistens nur Zeit für ein kurzes Pläuschchen mit der Nachbarin.

Das Plumpsklo lag ganz hinten, weit entfernt vom Wohnbereich.

Auf dem Land ging es in den meisten Familien kaum weniger beengt zu. Manche Familien bewohnten ein Zimmer am Hof eines größeren Gutes. Unzählige Kleinbauern und Handwerker hatten zwar ein kleines Haus, das manchmal aber nur aus einem oder zwei Räumen bestand: Den einen bewohnten unsere Eltern, die Stube teilten wir uns mit unseren Geschwistern. Das Wasser stammte aus dem Haus- oder dem Dorfbrunnen, und die Toilette – ein Plumpsklo mit „Donnerbalken" in einem aus Holzlatten gezimmerten Häuschen – lag immer ein Stück weit entfernt vom Wohnbereich, möglichst nah am Misthaufen.

Sauberkeitserziehung

Juhu, ich hab's geschafft!

Wo die Toilette lag, war uns noch herzlich egal. Wir ernährten uns am Busen unserer Mama, der für uns das Paradies bedeutete, auch wenn Mama selbst nicht viel zu essen hatte. Für uns war immer noch etwas da. Auch die Sache mit dem Klo war noch kein Problem: Wir trugen Stoffwindeln, die Mama auskochte. Das war Schwerarbeit. Später mussten wir dann mit dem Nachttopf üben, unser Geschäft auch außerhalb der Windeln zu erledigen, was Mama natürlich sehr viel Arbeit ersparte. Einigen Müttern ging es nicht schnell genug: Manche von uns wurden auf den Topf gesetzt und mit dem Beinchen an einem Tischbein festgebunden, bis „die Sache" erledigt war. Da waren wir dann sehr schnell „sauber".

Wenn wir gewusst hätten, welche Mühe das Windelnwaschen war, hätten wir uns vielleicht noch mehr beeilt. Zuerst wurde aus Holzasche eine Lauge hergestellt und diese dann im Kessel heiß gemacht. Darin wurde nun die Wäsche eingeweicht, mit großen Holzlöffeln umgerührt und hartnäckige Flecken wurden auf der Waschrumpel bearbeitet. Dann gingen die Frauen an den Bach, um die Wäsche auszuspülen. Mama weinte dabei manchmal vor Schmerzen in den Händen und im Herzen.

Der Austrofaschismus: Die Kälte des Februar hält an

Engelbert Dollfuß hatte im März 1933 das Parlament ausgeschaltet und den republikanischen Schutzbund verboten. Als sich am 12. Februar 1934 sozialdemokratische Arbeiter gegen Restriktionen der Polizei zur Wehr setzten, brachen bürgerkriegsähnliche Kämpfe aus. Mithilfe des Bundesheeres wurde der Aufstand niedergeschlagen und in der Folge sämtliche politischen Parteien und sozialdemokratische Vorfeldorganisationen verboten. Das bedeutete für die unzähligen ArbeiterInnen, die in diesen Vereinen eine zweite Heimat gefunden hatten, eine soziale Entwurzelung: Naturfreunde, Arbeitersportverbände wie Turner/innen, Radfahrer/innen, Fußballer und Schwimmer/innen, Arbeiterbüchereien, Kleintheatervereine, Freikörperkulturbewegung etc. Einzige erlaubte Partei war die „Vaterländische Front", Pressezensur wurde eingeführt und die katholische Kirche in ihren Rechten gestärkt. An den Schulen wurde die Verpflichtung zur Teilnahme an religiösen Übungen wieder eingeführt.

Nach Dollfuß' Ermordung im Juli 1934 setzte Kurt Schuschnigg den diktatorischen Kurs fort. Die Organisation von Wirtschaft und Gesellschaft in einem „Ständestaat" (Eigenbezeichnung des Regimes) misslang auch deshalb, weil dem Regime die Unterstützung in der Bevölkerung fehlte. Obwohl die Austrofaschisten auch die NSDAP verboten hatten, wurden bereits 1936 zwei Nazis zu Regierungsmitgliedern ernannt. Trotz des Juliabkommens 1936, in dem Hitler Österreichs Unabhängigkeit garantiert hatte, setzte der Einmarsch der deutschen Truppen am 12. März 1938 dem „Ständestaat" ein Ende.

Immer dabei – aber nicht sorgenfrei

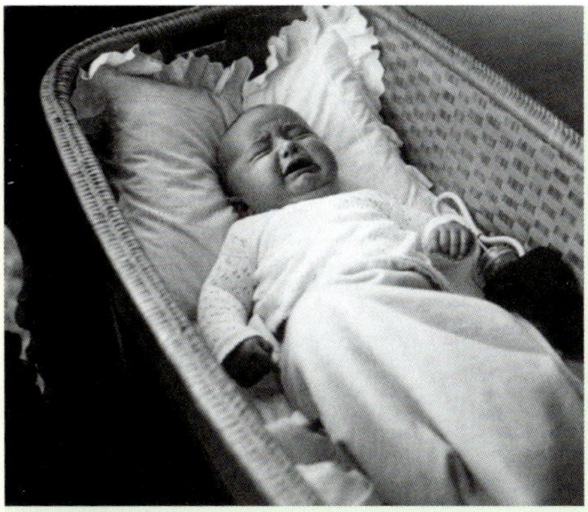

Unsere Eltern drückten die Sorgen, uns das Bäuchlein.

Die beengten Verhältnisse hatten für uns einen großen Vorteil: Wir waren immer mittendrin. Im Stubenwagen lauschten wir den Geräuschen der Familie, hörten die Zankereien unserer Geschwister und schlummerten bei den sorgenvollen Gesprächen unserer Eltern, von denen wir noch nichts verstanden. Woher sollten wir wissen, dass wir viel zu oft nur den warmen Kleiebrei am Herd rochen und selten bis nie eine echte Suppe aus Fleisch und Knochen? Wie sollten wir ahnen, dass so mancher Papa viel öfter zu Hause war, als ihm lieb war? Viele unserer Väter hatten ja keine Arbeit, in den Städten und Fabriken herrsch-

Jeden Tag ging Mama mit uns nach draußen.

te das Elend der Wirtschaftskrise, und die Hoffnung auf Veränderung hatte der Bürgerkrieg vom Februar 1934 auf längere Zeit zunichtegemacht. Jeglicher Gedanke an einen Protest war im Ständestaat schon fast ein Vergehen. Der Austrofaschismus hielt Bürger und Arbeiter mit Zensur und Verboten im Würgegriff, doch trotz der Abschaffung vieler Arbeiterrechte kam die Wirtschaft nicht in Schwung, im Gegenteil. Von den rund 600000 Arbeitslosen war knapp die Hälfte „ausgesteuert", das heißt, sie bezogen keine Arbeitslosenunterstützung mehr (die ohnehin äußerst gering ausgefallen war). Aktionen wie das „Winterhilfswerk", bei denen für Bedürftige Spenden gesammelt wurden, konnten die Gräben, die durch die Ereignisse der Jahre 1933/34 in der Bevölkerung entstanden waren, nicht planieren.

Natürlich waren diese ersten Wochen unseres Lebens für uns prägend, in vielerlei Hinsicht. Gerade in der Stadt waren viele von uns kränklich, litten unter Mangelerscheinungen wie Rachitis oder blieben kleinwüchsig. Wer Milch nur mit Wasser verdünnt kannte und die Karotten- oder Apfelraspeln im dünnen Grießbrei suchen musste, konnte nur geringe Widerstandskräfte gegen Kinderkrankheiten aufbauen, und eine einfache Verkühlung wurde schnell zur lebensbedrohenden Grippe oder Lungenentzündung. Deshalb gab es in unserem Jahrgang leider doch relativ viele, die die Kleinkinderjahre nicht überstanden und aus dem Leben gehen mussten, bevor sie hier richtig angekommen waren.

Mama war glücklich, wenn wir das schwierige erste Lebensjahr überstanden hatten.

Zur Taufe kamen alle zusammen.

Schnelltaufe

Damit kein Kindlein Gefahr lief, diesen Weg ungetauft beschreiten zu müssen, wurde der Termin für die heilige Taufe oft sehr bald nach der Geburt angesetzt. Außerdem war unsere Zugehörigkeit zur katholischen Kirche für die meisten Mütter aufgrund ihres starken Glaubens eine überaus wichtige Sache. Darin trafen sie sich mit den Interessen des neuen Ständestaates, in dem der Katholizismus fast schon so etwas wie eine „Staatsreligion" darstellte, denn laut Verfassung war Österreich seit dem 1. Mai 1934 ein „christlicher deutscher Bundesstaat". Wer dennoch aus der Kirche austreten wollte, musste sich einer eingehenden Gewissens- und Geistesprüfung unterziehen. Doch das trauten sich nur die wenigsten.

Zum ersten Großereignis in unserem jungen Leben kam die ganze Familie in der Kirche zusammen, wo uns ein Priester im Rahmen einer Messe feierlich in der christlichen Gemeinde willkommen hieß. Dass er unser Köpfchen dabei unbedingt mit kaltem Wasser beträufeln musste, beklagten wir mit einem lautstarken Protestschrei, aber im Arm unseres Taufpaten oder unserer Taufpatin (die wir auf dem Land „Godl" nannten) beruhigten wir uns rasch. Dann gratulierten alle unseren Eltern nochmals herzlich zum stattlichen, süßen Nachwuchs und gingen anschließend nach Hause. Für eine große Feier zu Hause oder im Wirtshaus war in den meisten Familien kein Geld da.

Die Puppe, die uns der Fotograf borgte, damit wir lächelten, hätten wir gerne behalten.

Froh zu sein bedarf es wenig

Auch für Spielzeug wurde kein Geld ausgegeben: Stattdessen lutschten und kauten wir zum Beispiel an einem Stöckchen, das der Großvater blank geschliffen und poliert hatte: Wenn wir es gegen den Gaumen drückten, linderte es den Schmerz, der uns beim Zahnen plagte. Wir nuckelten aber auch hingebungsvoll an jedem Stofffetzchen, das uns die Schwester überließ. Manchmal knotete sie ein Stofftaschentuch um ihren Finger und tat dann so, als wäre das eine Fingerpuppe. Diese ließ sie lustig herumhüpfen, Abenteuer bestehen oder Streiche begehen – eine frühe Vorläuferversion des späteren „Kasperls"! Wir jedenfalls krähten lauthals vor Begeisterung und klatschten vor Vergnügen in die kleinen Händchen.

Viel Freude machte uns auch der Hochstuhl, den der Großvater mit eigenen Händen für uns angefertigt hatte. Damit konnten wir mit der Familie auf gleicher Höhe bei Tisch sitzen und waren mittendrin im Geschehen. Viel mehr brauchten wir nicht zu unserem Glück, viel mehr hatten auch die anderen Familienmitglieder nicht. So übten wir uns schon früh in Genügsamkeit, und diese Fähigkeit sollte uns später noch zugutekommen. Überfluss war ein Wort, das in unserem Leben keine große Rolle spielen würde.

Ein Flascherl mit verdünnter Milch machte uns glücklich.

Den Hochstuhl fertigte Opa mit eigenen Händen.

Prominente 1935er

8. Jänner **Elvis Presley**
US-amerikanischer Rock-'n'-Roll-Sänger (✝1977)

3. Februar **Johnny „Guitar" Watson**
US-amerikanischer Musiker (✝ 1996)

21. Juni **Françoise Sagan**
französische Schriftstellerin (✝ 2004)

6. Juli **Dalai Lama (Tendzin Gyatsho)**
Oberhaupt des tibetischen Buddhismus

17. Juli **Donald Sutherland**
kanadischer Schauspieler

19. Juli **Thaddäus Podgorski**
österreichischer Schauspieler und Journalist

31. Juli **August Paterno**
österreichischer Fernsehpfarrer (✝ 2007)

5. Sept. **Dieter „Didi" Hallervorden**
deutscher Komiker

29. Sept. **Jerry Lee Lewis**
US-amerikanischer Rock-'n'-Roll-Musiker

1. Okt. **Julie Andrews**
britische Schauspielerin

12. Okt. **Luciano Pavarotti**
italienischer Tenor (✝ 2007)

8. Nov. **Alain Delon**
französischer Schauspieler

Einer von uns: Toni Sailer.

17. Nov. **Toni Sailer**
österreichischer Skirennläufer (✝ 2009)

30. Nov. **Herbert Prikopa**
österreichischer Schauspieler

1. Dez. **Woody Allen**
US-amerikanischer Regisseur

14. Dez. **Lee Remick**
US-amerikanische Schauspielerin (✝ 1991)

Julie Andrews als Mary Poppins (1966).

1938-1940 Der Himmel verdüstert sich

„Mobilmachung" in unsicheren Zeiten

Langsam wurden wir größer und immer mobiler. Waren wir bis vor Kurzem noch auf allen vieren durch die Stube gekrabbelt und den anderen Familienmitgliedern vor die Beine getapst, so liefen wir nun schon aufrecht und ganz allein. Das bedeutete, dass sich unser Aktionsradius sehr schnell vergrößerte – und damit auch die Sorgen unserer Mama. Flugs wie der Wind liefen wir zum Gartentor hinaus, über die Wiesen und Äcker und auch schon mal bis in den Wald hinein. Da wurden dann unsere größeren Geschwister hinterhergeschickt, denen es bisweilen eine Heidenfreude bereitete, uns an den Ohren nach Hause zu zerren, oder zumindest am Hemdkragen oder an den Zöpfen. Daheim gab es dann Schelte von Mama: Wie konnten wir nur davonlaufen, wo doch die Zeiten ohnehin so unsicher waren?!

Unser Aktionsradius vergrößerte sich von Tag zu Tag.

Chronik

11. März 1938
Rücktritt von Kurt Schuschnigg als Bundeskanzler, Nachfolger wird Arthur Seyß-Inquart.

12. März 1938
Einmarsch der deutschen Wehrmacht in Österreich.

15. März 1938
Adolf Hitler verkündet auf dem Heldenplatz den „Eintritt seiner Heimat" in das Deutsche Reich.

1. April 1938
Erster Transport in das KZ Dachau, darunter prominente spätere Politiker wie Leopold Figl, Alfons Gorbach, Viktor Matejka, Franz Olah.

13. Mai 1938
Baubeginn der „Hermann-Göring-Werke" in Linz, aus denen später die VÖEST hervorgeht.

8. August 1938
Baubeginn des KZ Mauthausen durch Häftlinge des KZ Dachau, inkl. 49 Nebenlager.

9. November 1938
Bei den von der NS-Propaganda als „Reichskristallnacht" bezeichneten Novemberpogromen werden 27 Österreicher ermordet und 42 Synagogen zerstört.

27. Februar 1939
Anerkennung von Francisco Franco als Regierungschef, Ende des Spanischen Bürgerkriegs.

1. September 1939
Mit dem Einmarsch deutscher Truppen in Polen beginnt der Zweite Weltkrieg.

31. Dezember 1939
Die Wiener Philharmoniker spielen unter Clemens Krauss das erste Neujahrskonzert.

10. Mai 1940
Winston Churchill wird britischer Premierminister.

10. Oktober 1940
Uraufführung von Charlie Chaplins Film „Der große Diktator" in New York.

Wasser: Im Sommer unser größtes Vergnügen!

Natürlich hatten wir keine Ahnung davon, dass Adolf Hitler in unserem vierten Lebensjahr in unserer Heimat einmarschiert war und mit dem „Anschluss" Österreichs an das Deutsche Reich neue Herrscher an die Macht kamen. Unsere Eltern wussten nicht, was da nun auf sie zukam und ob das alles Auswirkungen auf das Leben unserer Familie hatte: Die „Vaterländischen" fühlten sich in ihrem „Deutschtum" mit den Nazis verbunden, lehnten als stramme Katholiken jedoch deren Religionsfeindlichkeit ab.

Im Winter waren wir am liebsten draußen im Schnee.

Republikaner und Sozialdemokraten verhielten sich abwartend, denn die Nazis waren doch Feinde der Austrofaschisten – waren sie dann nicht logischerweise irgendwie Freunde? Viele, die unter Wirtschaftskrise und Arbeitslosigkeit gelitten hatten, setzten all ihre Hoffnungen in die Nationalsozialisten. Bald sollte sich herausstellen, was von den Nazis wirklich zu halten war. So klein wir auch waren, diese Spannungen aufgrund von Ungewissheit und Unsicherheit in der Familie spürten sogar wir.

Der „Anschluss"

Am 12. Februar 1938 hatte Hitler in Berchtesgaden Schuschniggs Zustimmung zu einer Regierungsumbildung erzwungen: Der Nationalsozialist Arthur Seyss-Inquart wurde Minister für Inneres und Sicherheit, ehemals illegale Nationalsozialisten unterlagen einer politischen Amnestie. Trotzdem hielt Schuschnigg in seiner Regierungserklärung am 24. Februar an der Verteidigung der österreichischen Unabhängigkeit fest und beendete seine Rede im Bundestag mit dem berühmten Appell: „Bis in den Tod: rot-weiß-rot!" Diese Entschlossenheit nützte ihm bekanntlich wenig. Am 11. März trat er als Bundeskanzler zurück, während österreichische Nationalsozialisten bereits damit begannen, Hakenkreuz-Fahnen an öffentlichen Gebäuden hochzuziehen. Am 12. März marschierte die deutsche Wehrmacht in Österreich ein, am 13. März trat das „Gesetz über die Wiedervereinigung Österreichs mit dem Deutschen Reich" in Kraft und beendete Österreichs Souveränität. Vor zehntausenden Menschen verkündete Hitler am 15. März 1938 auf dem Wiener Heldenplatz „den Eintritt meiner Heimat in das Deutsche Reich". Dass dieser von der Bevölkerung erwünscht wäre, ließ er sich in einer manipulierten Volksabstimmung am 10. April bestätigen: Der Kreis für das „Ja" war viermal so groß wie der für das „Nein", und vielerorts wurde öffentlich abgestimmt. Erwartungsgemäß lag die Zustimmung bei über 99 %.

Nutznießer unter uns

Einige Leute profitierten sofort von der nationalsozialistischen Machtübernahme, denn sie waren schon Mitglieder der NSDAP gewesen, als diese noch illegal gewesen war. Viele von

Weil viele Männer Arbeit fanden, begrüßten sie die Nazis.

ihnen übernahmen nun verantwortungsvolle Ämter und Machtpositionen in den Gemeinden und Städten in ganz Österreich – bzw. in der gesamten Ostmark, wie Österreich jetzt hieß. Und natürlich waren wir stolz, wenn unser Onkel plötzlich der neue Bürgermeister wurde. Wir kannten ja die Hintergründe nicht. Viele dieser neuen Amtsinhaber blieben „anständige Menschen": So versuchte etwa unser Bürgermeister stets, alle Söhne zur Erntezeit von der Front nach Hause zu holen, wenn er sah, dass deren Eltern mit der vielen Arbeit nicht zurechtkamen. Einige Leute jedoch sahen ihre Chance gekommen, ihre sadistische Großmannssucht auszuleben und sich auf Kosten anderer zu bereichern. Und solche hatten auch noch großen Zulauf. Die meisten allerdings waren bloß Mitläufer, die wegschauten, weitermachten, sich duckten, auch weil sie dachten, dass sie auf diese Weise ihre Familien am besten schützen konnten.

Viele Menschen, insbesondere die Juden, mussten plötzlich in aller Eile das Nötigste zusammenpacken und flüchten – oft genug mussten wertvolle Möbel, Bilder und andere Wertgegenstände in der Wohnung zurückgelassen werden. Das war dann leichte Beute für jene Nazis, die sie aus ihren Häusern verjagten. Manche Leute nützten die Notlage der Juden besonders heimtückisch aus: Einer der Fahrer im Transportbetrieb meines Vaters hatte sich für einen Tag den LKW ausgeborgt. Als ihn die Gestapo am nächsten Tag verhaftete, stellte sich heraus, dass er mit unserem LKW einige Juden über die Grenze gebracht hatte. Nach zwei Monaten wurde er jedoch wieder freigelassen: Er hatte die Juden nur ins Niemandsland gebracht und sie dann sämtlicher Wertgegenstände beraubt. Wir haben nie wieder von ihnen gehört.

Bald sollten die Familien auseinandergerissen werden.

Von den Vorgängen in der Welt der Erwachsenen bekamen wir wenig mit.

Der jüdische Zahnarzt, der seine Dienste von Tür zu Tür anbot, verschwand in unserem Dorf aus dem alltäglichen Straßenbild. In den Städten erhielten viele Geschäfte „neue Besitzer", Bettler gab es in den Straßen plötzlich auch keine mehr, ebenso wenig fahrende „Zigeuner". Dafür wurden Menschen auf Güterzügen durchs Land transportiert, doch nur wenige wagten sich zu fragen, wohin und zu welchem Zweck.

Von diesen Veränderungen bekamen auch wir Kleinen einiges mit: Beim täglichen Einkaufen mit Mama sahen wir beschmierte Auslagen und in Amtsstuben und auch in vielen Wohnungen wurden die Wände nun mit dem Bild eines Mannes geschmückt, dessen Namen wir uns schnell einprägten, weil er in aller Munde war: Adolf Hitler. Auch an den Anblick der roten Fahnen mit dem Hakenkreuz drauf an öffentlichen Gebäuden wie Gemeindeamt oder Schule gewöhnten wir uns schnell: Bei festlichen Anlässen drückten manche Erwachsene sogar uns Kindern Hakenkreuz-Wimpel in die kleine Faust, mit denen wir dann dem Gefeierten – dem neuen Bürgermeister, den aufmarschierenden SAlern oder gar dem „Führer" – eifrig zuwinkten. „Heil Hitler!", riefen wir laut, denn das lernten wir am allerschnellsten.

Manche Eltern lächelten bei diesem Anblick, viele andere blickten sorgenvoll-beschämt: Nicht alle waren von den neuen Machthabern begeistert, auch wenn so mancher Vater, der lange Zeit Arbeit gesucht hatte, nun wieder Hoffnung schöpfte. Dass viele Arbeitsplätze – im Straßenbau, in der Rüstungsindustrie, in der Stahlproduktion – im Hinblick auf den von Hitler schon längst geplanten Krieg entstanden, das wussten unsere Eltern nicht. Die neuen Ideale waren streng und die Nazipropaganda führte uns in der Zeitung, in der Wochenschau und im Radio ständig die erwünschten Klischees vor Augen: der heldenhafte Mann als Herr zu Hause und als Kämpfer für das Reich, die brave Frau als aufopfernde Mutter am Herd, der aufgeweckte Knabe als zukünftiger Soldat und das treue Mädel mit langen blonden Zöpfen, das sich mit gestärkter Schürze schon auf ihr Mutterdasein freute – sie alle sahen zum Führer auf.

Sogar den Kleinsten wurden Hakenkreuz-Wimpel in die Hand gedrückt.

Einkaufstour

In vielen Dörfern gab es nur einen Laden für alles.

Sonst bemerkten wir im Alltag zunächst wenige Veränderungen. In der Stadt machte Mama mit uns ihre tägliche Einkaufstour: Da ging es zuerst einmal zum Bäcker, wo es immer so gut nach frischem Brot und Gebäck duftete. Auf dem Land wurde das Brot selbst gebacken, für viele Bergbauern war es ins nächste Dorf einfach zu weit. Nicht immer gab es etwas zum Beschmieren oder Drauflegen: Butter war ein seltener Luxus, der Festtagen vorbehalten blieb, stattdessen gab es oft genug gar nichts: „A ledi'gs Brot" zum Frühstück war immerhin mehr als gar nichts. Ab und zu schmierte Mama Schmalz auf die dunklen, duftenden Scheiben und manchmal sogar Margarine: Eine richtig dicke Schicht ergab das allerdings nicht, damit wurden nur die Löcher zugedeckt.

Dann ging es weiter ins Milchgeschäft und danach auf den Markt, wo für uns zu unserer großen Freude manchmal ein Apfel oder eine Birne abfiel. Ganz selten kaufte Mama für uns ein paar Zuckerl oder ein Stück Schokolade. Einen solchen Schatz stopften wir uns gleich in die Backen, damit ihn uns kein großer Bruder entreißen, keine Schwester abluchsen konnte!

Billiger Butterersatz

Viel öfter als Butter fand sich auf den Brotscheiben der Zwischenkriegszeit der preisgünstigere „Butterersatz", die Margarine. 1923 eröffnete der Butter- und Käsehändler Emanuel Khuner eine eigene Margarinefabrik in Wien-Atzgersdorf. Der Name „Thea" wurde in einem Preisausschreiben ermittelt. „Thea" kam von Anfang an im typischen 250-Gramm-Würfel auf den Markt und erreichte binnen kürzester Zeit einen sensationellen Bekanntheitsgrad. Im Verlauf des Krieges musste die Produktion jedoch eingestellt werden und konnte erst 1953 wieder aufgenommen werden.

Auf dem Land konnten sich die Familien besser versorgen als in der Stadt.

Selbstversorger

Auf dem Land war die Ernährungssituation noch relativ gut. Viele Familien bewirtschafteten einen kleinen Gemüseacker, hielten ein paar Gänse und konnten die nötigsten Dinge mit den anderen Dorfbewohnern tauschen. Doch die Tiere und die Beete wollten auch versorgt sein. Wenn Mama von der Arbeit nach Hause kam, mussten noch die Hühner, das Schwein und die Kaninchen gefüttert, die Kuh gemolken und das Unkraut gejätet werden. Oft halfen wir dabei schon mit, oder wir unterstützten nach Kräften unsere größeren Geschwister.

Wenn etwas zu reparieren war, musste Mama oft nicht einmal aus dem Haus gehen, die Handwerker kamen an die Tür. In Erinnerung blieben uns der Kesselflicker (genannt „Rastelbinder“), der löchrige Töpfe wieder instand setzte, und der Scherenschleifer, der mit seinem Wetzstein an den Klingen von Messern und Scheren wahre Wunder wirkte. In die Hand bekamen wir so etwas jedoch nicht, denn es hieß: „Messer, Gabel, Scher' und Licht, sind für kleine Kinder nicht!“

In den Bergen trugen wir bei festlichen Anlässen Tracht.

Selbst ist die Frau

Vieles machte Mama selbst: Löcher in unseren Strümpfen stopfte sie mit Stopfliesl und Stopfwolle, an zu kurz gewordene Hosen und Röcke nähte sie einen Saum – egal, aus welchem Stoff, Hauptsache, wir konnten das Kleidungsstück wieder tragen. Die meisten unserer Hosen und

Das Baden war kein Vergnügen, wenn das Wasser kalt war.

Kleider waren grob und kratzten. Wollhandschuhe, Hauben und Strümpfe strickte Mama ebenfalls selbst. Im Winter trugen wir auch als Buben gestrickte Strümpfe, die von einem Gummiband festgehalten wurden – das juckte furchtbar. Doch alles Jammern half nichts! Kleidung wurde getragen, bis sie auseinanderfiel oder wir endgültig und hoffnungslos herausgewachsen waren. Aus feinerem Stoff war nur das Sonntagsgewand.

Wenn wir schmutzig von unseren Abenteuern draußen „im Hof", auf der „G'stättn", am Gemeindeanger zurückkehrten, schickte uns Mama zum „Lavoir" (wir sprachen das „Lawur" aus), um Gesicht und Hände zu waschen. Dabei handelte es sich um eine emaillierte Blechschüssel, die aus unerfindlichen Gründen eine edel klingende französische Bezeichnung erhalten hatte. Gebadet wurde nur am Samstag, denn das Wasser musste auf dem Ofen erwärmt und dann in die Blechwanne gegossen werden. Darin wurde nun ein Familienmitglied nach dem anderen sauber gemacht. Oft gab es Tränen, wenn Mama uns mit Seifenwasser die Haare wusch und uns mit einer Bürste den Schmutz von der Haut schrubbte. Aber anschließend glänzten wir ganz rosig und waren von Kopf bis Fuß sauber – bis auf Weiteres.

Badeofen und Tröpferlbad

Obwohl Badeöfen schon im 19. Jahrhundert erfunden worden waren, besaßen in den 1930er-Jahren noch die wenigsten Familien einen Heißwasserbereiter, und wenn, dann nur in den Städten und wo die Gasversorgung bereits ausreichend ausgebaut war. In diesen edlen Geräten wurde das Wasser mittels einer offenen Gasflamme erhitzt, was gegenüber dem mühsamen Erhitzen am Ofen einen großen Fortschritt darstellte.

Alternativ konnte man ein „Tröpferlbad" aufsuchen. In diesen städtischen Brauseanstalten konnte man für wenig Geld eine wöchentliche Dusche nehmen, wobei die Seife und ein Leihhandtuch im Preis inbegriffen waren. Auf die verpflichtenden „Badeschürzen", die des Anstands wegen unter der Brause getragen werden mussten, wurde ab 1943 der Notlage wegen verzichtet.

Ob die süße kleine Schwester lange so süß bleibt?

Kinderbetreuung

In den Kindergarten gingen von uns nur die wenigsten. „Kindertagesheime" gab es vor allem in den großen Städten: In Wien hatte die sozialdemokratische Stadtregierung zum Beispiel in den meisten von ihr errichteten Gemeindebauten neben den Gemeinschaftseinrichtungen wie Waschküche und Kinderspielplatz auch ein Kindertagesheim vorgesehen. Doch sowohl die Austrofaschisten als auch die deutschen Nazis sahen unsere Mamas lieber bei uns daheim – im Ständestaat hatte es sogar ein Berufsverbot für verheiratete Lehrerinnen gegeben. Viele Mamas waren froh, wenn sie Arbeit hatten, denn viele Papas

Mit dem Rosswagen mit aufs Feld fahren war ein Abenteuer!

Die „Kinderfrau" hatte mit uns oft alle Hände voll zu tun.

waren ja arbeitslos oder verdienten nicht viel, und so konnte die Familie wenigstens ernährt werden.

Die meisten von uns wurden einfach zu Oma, zur Tante oder zu einer Nachbarin gebracht, wenn Mama zur Arbeit musste – oft ganz zeitig in der Früh. Dort durften wir dann zusehen, wie unsere „Kinderfrau" den Strudelteig auszog oder die feinen Suppennudeln schnitt. Auch bei ihr wurde alles „selbst gemacht", und uns machte es Spaß, wenn wir sogar mithelfen durften. Manchmal nahm uns ein befreundeter Bauer mit dem Rosswagen mit aufs Feld – das war eine Freude! Ich rieche heute noch das verbrannte Kartoffelkraut und spüre die Stoppeln, wenn wir barfuß über die abgeernteten Felder liefen.

Egal, wer uns wo betreute, das Basteln gehörte zu unseren Lieblingsbeschäftigungen. Im Sommer bastelten wir aus Holzresten und Ästen kleine Schifferl, die wir im Bach um die Wette schwimmen ließen. Im Herbst sammelten wir Kastanien, in die der Onkel oder der Opa mit einem Handbohrer Löcher machte. Daraus bastelten wir dann Halsketten und kleine Tiere oder Männchen. Mit denen ließ es sich vortrefflich spielen. Aus Kletten, Blättern, Steinen und Stroh bauten wir als Mädchen gemeinsam mit unseren Freunden oder Kindergartenkollegen große Häuser und Ställe für unsere Kastanienfamilien und Kastanientiere – so wollten wir selbst einmal wohnen, wenn wir groß waren! Als Buben ließen wir unsere Kastanienpferdchen „Rennen" laufen oder unsere Kastanienritter ausziehen und Abenteuer bestehen – und wenn Ritter „Kunibert" sogar Opas großen Kastaniendrachen besiegte, juchzten wir vor Freude und konnten gar nicht genug bekommen. Immer öfter allerdings spielten viele von uns „Deutsche" gegen „Russen" ...

Spiel und Ernst

Ein Roller war ein seltener Luxus.

Manche Glücklichen unter uns hatten einen Roller aus Holz, für andere bauten Papa, Opa oder ein Onkel aus einer Gemüsekiste und ein paar alten Kinderwagenrädern einen Rennwagen, in dem wir uns dann über einen abschüssigen Weg hinunterstürzten oder von einem treuen Freund schieben ließen. Natürlich hatte das Kistenwagerl keine Bremsen, und so kam es immer wieder zu Unfällen, wenn wir es wieder einmal übertrieben und der Abhang zu steil war. Aufgeschürfte Ellenbogen und eine Beule auf dem Kopf waren allerdings meistens die schlimmsten Blessuren, die wir davontrugen.

Schlimmer erging es einigen Vätern. 1939 hatte der Krieg begonnen, und in allen Dörfern und Städten wurden nun nach und nach die Männer zur Wehrmacht eingezo-

Verkleiden war ein tolles Spiel!

gen. Versehrte und Männer in „kriegswichtigen" Berufen, zum Beispiel in der Stahl- und Rüstungsindustrie, wurden „zurückgestellt", aber immer mehr Kindern fehlte nun der Papa. Wir verstanden nicht so recht, warum er in den Krieg musste, zerrten an seinem Hosenbein und wollten ihn nicht weglassen. Wir hatten Angst um ihn, denn wir hatten die angstvollen Gespräche gehört, die Mama und die anderen Frauen im Dorf oder im Gemeindebau geführt hatten. Und einige von uns hatten bereits gesehen, dass andere Väter als Invaliden heimkehrten: Manchen fehlte ein Arm oder ein Bein, andere hatten ihr Augenlicht eingebüßt. Würde auch unser Papa so zurückkehren? Würde er überhaupt zurückkehren?

Ab und zu kamen Briefe von der Front, doch die Feldpost war natürlich ein höchst magerer Ersatz für den echten Papa. Andächtig lauschten wir, wenn Mama uns seine Briefe vorlas. Es ginge ihm gut, schrieb er, die Versorgung sei gut und die Kameraden aufrechte Soldaten – Genaueres kam nicht durch die Zensur. Auch Mama und unsere älteren Geschwister schrieben an Papa, denn für die Männer an der Front war die Feldpost der einzige Kontakt zu ihren Lieben zu Hause.

Endlich hat Papa Fronturlaub!

1941–1944

Bomben, Griffel, Kräuterkunde

Auf dem Land gingen wir in gemischte Klassen.

Ein neuer Lebensabschnitt

In dieser unsicheren Lage begann für uns ein völlig neuer Lebensabschnitt: Wir wurden Schulkinder. Viel Aufhebens wurde darum allerdings nicht gemacht, es war ja mitten im Krieg und die meisten Erwachsenen hatten ganz andere Sorgen. Nur wir angehenden Schulkinder schwankten zwischen Aufregung und Angst, wenn wir an den „großen Tag" dachten.

Chronik

22. Juni 1941
Als „Unternehmen Barbarossa" beginnt der Einmarsch der Deutschen in die Sowjetunion.

14. August 1941
US-Präsident Franklin D. Roosevelt und der britische Premier Winston Churchill unterzeichnen die Atlantik-Charta, die spätere Grundlage der Charta der Vereinten Nationen.

1. September 1941
Eine nationalsozialistische Verordnung schreibt Juden das Tragen eines „Judensterns" vor.

7. Dezember 1941
Nach dem Überfall der Japaner auf den US-Pazifikhafen Pearl Harbor auf Hawaii treten die USA in den Zweiten Weltkrieg ein.

10. Februar 1942
Für „Chattanooga Choo Choo" erhält Glenn Miller die erste Goldene Schallplatte der Musikgeschichte.

21. September 1942
Jungfernflug der Boeing B-29 Superfortress, einer der größten Bomber im Zweiten Weltkrieg.

31. Jänner 1943
General Paulus kapituliert mit den Resten der deutschen 6. Armee in Stalingrad.

25. Juli 1943
Der faschistische italienische Diktator Benito Mussolini wird abgesetzt.

13. August 1943
Alliierter Bombenangriff auf die Flugzeugwerke in Wiener Neustadt bei Wien.

28. November 1943
Bei der Konferenz von Teheran verhandeln die Alliierten die Neuordnung Europas.

6. Juni 1944
„D-Day": Landung der Alliierten in der Normandie in Nordfrankreich.

Sommer 1944
Die österreichische Widerstandsgruppe „O5" nimmt Kontakt zu den US-Alliierten auf.

Immerhin wurden die meisten von uns im schönen Sonntagsgewand herausgeputzt und von Mama zur Schule gebracht. Wenn diese aber arbeiten musste, stellte sie uns dort nur ab und eilte davon. Da standen wir dann und fragten uns voller Ungewissheit, was uns erwartete. Natürlich hatten viele von uns schon Erzählungen älterer Kinder über den Schulalltag aufgeschnappt, aber nun wurde es auch für uns ernst: Würde der Herr Lehrer wirklich so streng sein und uns bei einem Fehler mit dem Rohrstab auf die Finger klopfen?

Für den ersten Schultag wurden wir herausgeputzt.

Auf dem Land waren die Schulen mangels Kindern so klein, dass oft nur eine oder zwei Klassen geführt wurden, in denen 30 bis 40 Kinder der verschiedenen Altersstufen, Mädchen und Buben gemeinsam, unterrichtet wurden. Anders in der Stadt: Wo es genügend Kinder gab, gab es reine Buben- und reine Mädchenklassen oder gar ganze Mädchen- bzw. Knabenschulen, und in einer Klasse saß nur ein einziger Jahrgang. Unser erster und ebenso alle weiteren Schultage in der Volksschule begannen mit demselben Gruß, mit dem jetzt überall gegrüßt wurde. „Heil Hitler!", skandierten wir mit hochgestrecktem rechtem Arm, seinem Abbild an der Klassenwand zugewandt. Die Lehrerin oder der Lehrer überprüfte mit strengem Blick, ob auch alle den Chor lautstark mitsprachen.

Neuer Tagesablauf, neue Schrift

Morgens waren viele Mütter so wie meine oft schon aus dem Haus, wenn wir aus dem Bett krochen. Meine Schwester wärmte mir ein wenig Milch auf dem Herd, doch oft so heiß, dass sich eine Haut darauf bildete, vor der mir wie vielen anderen grauste. Wenn ich die kostbare Milch verschmähte, versetzte mir meine Schwester ein paar Ohrfeigen, sodass ich so schnell wie möglich mit der Schultasche in der Hand davonlief. Meistens zu meiner Mutter in den Laden, wo es noch bitterkalt war, weil sie noch keine Zeit gefunden hatte einzuheizen. Bei ihr lieferten die Bauern der Umgebung die morgens gemolkene Milch ab, die sie in große Kühlbehälter schüttete. Ich setzte mich einfach auf die kalten Milchkannen und wartete, bis es Zeit war, in die Schule zu gehen.

Ich war nicht die Einzige, die mit leerem Magen in die Schule kam und sich dort in die dunkle Holzbank zwängte. Den Deckel des Schreibpultes konnte man aufklappen, um die Lesefibel oder die Schiefertafel darin unterzubringen. Auch der Zweck des Loches vorne rechts in der Tischplatte war uns bereits bekannt: Später sollten dort die kleinen Glasfässchen eingehängt werden, die der Lehrer mit Tinte befüllte. Doch das Klecksen mit der Feder hatte noch ein wenig Zeit. Inzwischen schrieben wir mit Griffel oder Bleistiften, die wir mit einer Rasierklinge spitzten. Das tat höllisch weh, wenn wir uns dabei in den Finger schnitten!

Lesen, Schreiben und Rechnen waren nun kein Rätsel mehr.

Wo auch immer wir zur Schule gingen, nun lernten wir Lesen, Schreiben und Rechnen. Wir waren die Ersten, die von Anfang an nicht mehr die schwierige Kurrentschrift lernen mussten: Die nationalsozialistische Regierung hatte mit dem Schuljahr 1941/42 die lateinische Schreibschrift als Normalschrift festgelegt. Alle älteren Kinder, die zunächst die Kurrentschrift gelernt hatten, mussten nun von der einen auf die andere Schrift umlernen.

Ein Motorrad war für uns eine Riesenattraktion.

Es mangelt an allem

Die meisten von uns hatten einen Schulranzen aus Karton (wir nannten es „Kunstleder"), mit dem man am besten nicht in den Regen kam. Dann löste er sich an den feuchten Stellen auf – und wir sollten doch gut darauf aufpassen! In den Ranzen packten wir nun jeden Tag Griffel, Schiefertafel und Schwämmchen, immer seltener kam ein Apfel dazu. Für die Hausaufgaben setzten wir uns in die Küche, denn wenn es kalt war, war dies der einzige Raum, der geheizt wurde. Manche von uns schliefen auch in der Küche, andere auf einem „Ottoman" in der Stube oder im Kabinett der Eltern.

Wie in vielen anderen Gemeinden wurde auch bei uns die Schule nach unserem ersten Schuljahr zum Lazarett umfunktioniert, unser Heimatort wurde „Lazarettstadt". Für uns fand der Unterricht ab sofort im Hinterzimmer eines Gasthofes statt, das war eigentlich recht gemütlich.

Überhaupt beeinflussten die Geschehnisse in der Welt der „Großen" unseren Alltag tiefgreifend. Eines Tages kam zum Beispiel der Direktor in unsere Klasse – ein äußerst seltenes Ereignis. Anlässlich Hitlers Geburtstag würde am nächsten Tag der Bürgermeister zu uns in die Schule kommen, wir sollten uns besonders schön waschen und kämmen – und dann zeigte er mit dem Finger auf mich: „Nicht so struppig wie die da!" Ich wäre am liebsten im Boden versunken. Natürlich kontrollierte morgens niemand, ob ich meine Haare ordentlich gekämmt hatte, denn wenn ich zur Schule lief, war niemand mehr zu Hause, wie bei vielen anderen Kindern auch. Aber ich hätte mich gerne für die Bloßstellung gerächt!

Das war das schönste Kleid, das wir jemals getragen hatten.

Die erste Kommunion

In der zweiten Klasse erwartete uns ein großes Ereignis, auf das vor allem die Mädchen schon hinfieberten: Die erste Kommunion. Da würden wir als Mädchen ein schönes Kleid tragen! Wir hatten Glück, wenn für uns ein neues Kleid genäht wurde und wir nicht ein bereits getragenes anziehen mussten, etwa von der großen Schwester. In jeder Familie gab es eine Schneiderin oder zumindest jemanden, der gut nähen konnte. Woher aber der feine Stoff kam, das wussten wir nicht. Dazu trugen wir weiße Kniestrümpfe, und Mama schmückte unser Haar mit einem Blumenkranz. Wir fühlten uns wie Prinzessinnen! Das war das schönste Kleid, das wir jemals getragen hatten.

Die Kommunion war eine ernste Angelegenheit.

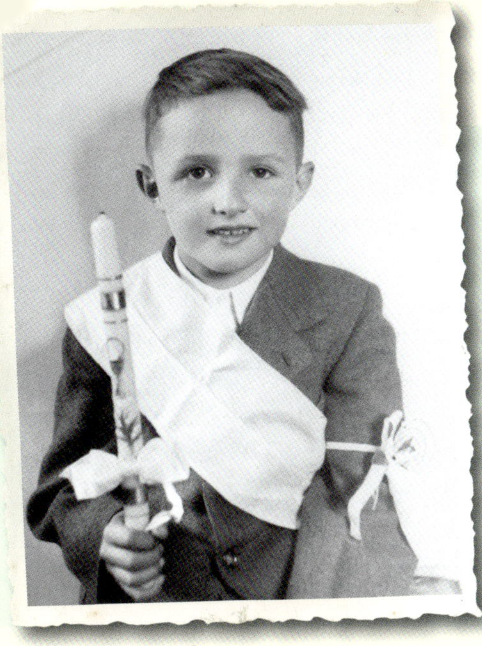

Fein herausgeputzt zu werden, war für uns Buben ein zweifelhaftes Vergnügen.

Für uns Buben war die Erstkommunion weniger aufregend und weniger angenehm. Wir wurden peinlich sauber geschrubbt und in einen unbequemen Anzug gesteckt, was sollte daran schon toll sein? Na gut, wir gehörten ab jetzt auch in der Kirche zu den Großen, die nach vorne zum Altar gehen durften, um die Hostie zu empfangen. Aber so großartig war das vielleicht auch nicht, denn die Nazis, die jetzt das Sagen hatten, waren ja gegen jede Religion. Wir wussten nicht, was wir denken sollten, und übernahmen oft einfach die Meinung unserer Eltern oder anderer Vorbilder, zum Beispiel die des feschen Nachbarssohnes in der prächtigen Uniform oder die des hübschen BDM-Mädels, das anscheinend immer genau wusste, was zu tun war. Die Ideologie schlich sich sozusagen durch die Hintertür in unsere Kinderseelen.

Viele Eltern sprachen mit uns nicht über die Geschehnisse, vor allem nicht, wenn sie das Regime ablehnten, es war einfach zu gefährlich. „Kindermund tut Wahrheit kund": Es konnte sie den Kopf kosten, wenn sich eines von uns verplapperte. Trotzdem weinte meine Mutter bitterlich, als beim Begräbnis eines Babys kein Priester anwesend war, um die Totenmesse zu sprechen. Stattdessen sang der BDM-Chor das Kinderlied „Heidschi-Bumbeidschi".

Sammeln, nähen, rupfen

Nicht nur unsere Mütter, auch die Schule schickte uns zum Sammeln aus. Gesammelt wurde alles: altes Papier, Knochen, sogar die Haare, die in der Bürste hängen blieben. Aus den Leintüchern zogen wir Fäden heraus, aus denen beim Winterhilfswerk Mullbinden hergestellt wurden. Schafwolle, Rosshaar, Daunen und alles, was warmhalten konnte, wurde in kleine Säckchen gestopft, die wir Mädchen und Frauen dann zu Decken zusammennähen mussten. Sie wurden zu den Soldaten an der Front geschickt. Zuvor mussten die Federn geschlissen werden, das heißt, der harte Federkiel wurde entfernt – eine äußerst mühsame Arbeit. Wir behalfen uns in all dem Elend mit dem Gedanken, dass vielleicht

Das „Schleißen" der Federn war eine mühselige Arbeit.

gerade die von uns mühsam gesammelten, genähten oder geknüpften Dinge auch unserem Vater oder unserem Bruder, dem Nachbarssohn oder dem Onkel im Feld helfen würden.

Wir wurden auch ausgeschickt, um Kräuter und Heilkräuter zu sammeln. Huflattich, Spitzwegerich, Brombeer- und Himbeerblätter sowie Salbei wurden zu kleinen Sträußchen gebunden und zum Trocknen aufgehängt oder auf dem mit Zeitungspapier ausgelegten Boden getrocknet. Sie ergaben wirkungsvolle Tees und Aufgüsse. Wenn jemand das vom Lehrer vorgeschriebene Sammelpensum nicht schaffte, erhielt er kein Zeugnis. Auf dem Dachboden der Schule wurde eine Seidenraupenzucht eingerichtet; für diese sammelten wir Maulbeerblätter, mit denen wir die Raupen fütterten. Wenn wir etwas falsch machten und Raupen, die in unserer „Pflege" standen, verendeten, gab es Schelte vom Lehrer oder vom Direktor, manchmal auch eine Tracht Prügel mit dem Rohrstab. Die Seide war so wichtig, weil daraus Fallschirme für die Fallschirmjäger und Luftlandetruppen hergestellt wurden, denn Kunststoffgarne gab es ja noch nicht.

Süßes und Saures

Wie alle Kinder zu jeder Zeit hätten auch wir gern mehr genascht, aber es gab ja nichts, denn selbst die alltäglichen Lebensmittel wurden immer knapper. Das höchste der Gefühle war süßes Obst – süße Äpfel und Birnen – bei den Bauern der Nachbarschaft, und ab und an Heidelbeeren und Brombeeren, die wir im Wald fanden. Deshalb saugten wir an allem, was auch nur ein bisschen süß schmeckte, zum Beispiel an den wilden Nesseln, deren Blüten ein wenig süß schmeckten. Seinem Namen widersprach zum Beispiel auch der Sauerampfer, der ein säuerlich-süßliches Aroma haben konnte.

Dass wir uns schon als Kinder und Jugendliche so gut mit Heilkräutern auskannten, hatten wir auch unseren Omas zu verdanken. Schon von klein auf versorgten sie uns, wenn uns mal ein Wehwehchen plagte, denn Arztbesuche waren teuer und der nächste Mediziner wohnte oft weit weg in der nächsten Stadt. Die meisten Krankheiten und Beschwer-

Wie gut, dass Oma alle mit ihren Hausmittelchen behandeln konnte!

den wurden aber ohnehin mit Hausmittelchen behandelt, da kannte unsere Oma nämlich eine ganze Menge. Gegen Fieber umwickelte sie unsere Beinchen mit in Essigwasser getränkten Tüchern (das nannten wir „Essigpatscherl"), bei Bauchschmerzen brühte sie eine Mischung aus Kümmel und Fenchelsamen mit heißem Wasser auf und flößte uns diesen Tee schluckweise ein. Und bei Halsweh beschmierte sie ein Tuch mit Topfen, erwärmte es am Ofen und legte es uns dann wie einen Schal um den Hals. So wurden wir auch rasch wieder gesund.

„Mit nix haben wir gespielt …"

Kaum waren wir aus der Schule draußen, hatten wir nur noch eines im Kopf: Spielen! Die Schultasche wurde in eine Ecke gefetzt und manchmal gelang es uns, noch bevor Mama irgendetwas sagen konnte, uns auf die Wiese oder in den Hof davonzustehlen. Auf dem Land saßen die alten Leute oft vor den Häusern auf dem „Bankerl" an der Straße. So beaufsichtigt konnten wir dort stundenlang Nachlaufen und Verstecken spielen, denn Autos kamen so gut wie nie durch und abends fuhren auch keine Pferdefuhrwerke mehr. Auch in der Stadt hielt sich der Verkehr in Grenzen, sodass Parks, Straßen und „G'stätten" gleichermaßen zu Spielplätzen für uns wurden.

Womit wir spielten? Mit nix! Für uns Buben fand sich so gut wie immer jemand, der ein paar Stoffreste zu einem „Fetzenlaberl" zusammenband. Da konnten wir dann unseren großen Idolen nacheifern, deren Namen wir im Radio aufgeschnappt hatten. Georg

Echte Puppen waren ein Luxus.

Schors und vor allem natürlich Franz Binder von Rapid waren bei allen beliebt, denn sie hatten es dem FC Schalke gezeigt und 1941 den deutschen Meistertitel errungen.

Als Burschen bauten wir uns auch gerne Hütten und „Bunker". Dazu bedienten wir uns manchmal auch der Holzvorräte eines Nachbarn – ein paar Bretter und Nägel waren schnell geklaut! Doch wehe, wenn man uns erwischte! Da setzte es nicht nur eine Standpauke, sondern ein paar kräftige Ohrfeigen für die Übeltäter.

Als Mädchen banden wir Zweige zusammen, formten aus einem Leinenfleck einen Kopf, malten ein Gesicht darauf und befestigten Haare aus Wollresten daran: Für diese „Puppen" bastelten wir dann verschiedenste Kleider. Oder wir spielten „Vater, Mutter, Kind", mit verteilten Rollen, aber ohne Requisiten: Wir hatten ja unsere Fantasie.

Bei Mädchen und Buben beliebt war das „Treiben", wobei wir mit Stöcken alte Autofelgen vor uns hertrieben. Ebenso stolz waren wir auf unseren „Tschigai", unseren Kreisel – in Tirol nannten wir ihn „Totz'n". Stunden konnten wir damit zubringen, ihn möglichst lang am Laufen zu halten (als Mädchen) oder ihn gegen unsere Kontrahenten ins Feld zu schicken, um deren Kreisel zu Fall zu bringen (als Buben).

Gemeinschaft

Bisweilen beneideten wir unsere größeren Geschwister, da die älteren Kinder und Jugendlichen schon zu den Treffen der Hitlerjugend bzw. des Bundes Deutscher Mädchen (BDM) gehen durften. Auch wenn die Begriffe nicht ganz stimmten – die korrekten Bezeichnungen für die Organisationen der zehn- bis 14-Jährigen waren das Deutsche Jungvolk (genannt „Pimpfe") und der Jungmädelbund –, aber so nannten wir sie eben. Bei ihren Treffen wurde gesungen, gewerkt und geturnt bzw. später für die Soldaten im Feld gesammelt, genäht und gebastelt sowie mit Exerzierübungen sich auf den Kriegseinsatz vorbereitet.

Manchmal durften die Kleinen schon mit zum BDM.

Zu Hause sang meine Schwester die „Soldatenlieder“, die sie beim BDM gelernt hatte, sodass ich sie kannte und bald mitsang, oft sogar die zweite Stimme. Als sie mich eines Tages zu einem ihrer Treffen mitnahm und man dort hörte, wie schön ich sang, durfte ich von da an immer mitkommen, wenn ich es wollte. Die BDM-Führerinnen verstanden es gut, uns Mädchen in ihren Bann zu ziehen. Für eine Uniform war ich allerdings wirklich noch zu klein.

Abends gingen unsere Mütter mit uns „in die Feier“, wie wir es nannten. Da kamen die Frauen und Kinder der Nachbarschaft in einer Stube zusammen, um Neuigkeiten auszutauschen und Ereignisse zu besprechen. Es gab immer viel zu erzählen, und wir Kinder hörten gerne zu, wenn jeder Anteil am Schicksal des anderen nahm. Immer häufiger musste jemandem Trost gespendet werden, denn immer öfter trafen nun Nachrichten über gefallene Angehörige ein. In manchen Familien waren nicht nur zwei Söhne, sondern auch der Vater gefallen. Da weinten auch wir zusammen mit den hinterbliebenen Frauen viele, viele Tränen.

Kuckuck und Sirene

Als akustische Vorwarnung vor drohenden Luftangriffen ertönte noch vor der Sirene ein „Kuckuck“-Ruf im Radio. Danach wurden die Hörer aufgefordert, ihre Empfangsgeräte auf den „Drahtfunk“ umzustellen, und das Radioprogramm wurde beendet. Dann erst ertönte die Luftschutzsirene. In den ersten Kriegsjahren bestand die Warnung aus einem zwei Minuten langen Warnton, der später auf eine Minute verkürzt wurde. Davor ertönte als „Fliegerwarnung“ ein dreimaliger Dauerton von jeweils zwölf Sekunden. Ein eine Minute langer hoher Dauerton zeigte dann die „Entwarnung“ an.

Unbeschwerte Stunden wurden auch für uns immer seltener.

Der Kuckuck, der Angst macht

Auch die Fliegerwarnungen nahmen zu. Vor den Sirenen zwitscherte aber im Radio der „Kuckuck", oft bis zu zehn Minuten vor dem Sirenengeheul. Dann suchten wir entweder mit der Lehrerin im Keller der Schule Schutz, oder wir durften nach Hause laufen. Wenn ich den Kuckuck hörte, rannte ich allerdings wie der Blitz zum Fleischhauer: Er hatte mir versprochen, wenn ich ihn sofort warnte, wenn der Kuckuck im Radio schrie (anscheinend hatte er kein Radiogerät), würde ich ein paar Radeln (Scheiben) Wurst bekommen. Er hielt sein Wort. Wenn wir nicht rechtzeitig zu Hause waren, mussten wir uns in den großen Toreinfahrten unterstellen, durch die die Pferdefuhrwerke in die Höfe einfuhren.

In der Stadt lief unsere Mama mit uns und den restlichen Hausbewohnern in den Keller. Auf dem Land bauten sich viele Menschen einen eigenen Luftschutzkeller, auch mein Vater. Im Hof, ein Stück entfernt vom Wohnhaus, wurde ein etwa 3 m mal 1,5 m großes Loch ausgehoben und mit Brettern und Fellen verschalt. Dann wurde das Loch mit „Bloch", das waren Baumstämme, abgedeckt, darauf wurden „Rebirdln", die kleinen Zweige der Weinreben, aufgeschüttet und das Ganze mit Erde abgedeckt. Als Buben waren wir stolz, dass wir bei solchen Arbeiten bereits mithelfen durften. Begeistert schaufelten wir das Erdreich aus, reichten Werkzeuge und Nägel zu, suchten im Weingarten nach dem richtigen „Dämmmaterial". Da waren uns die Blasen an den Händen egal.

In diesen Kellern war es oft furchtbar eng und stickig. Es roch nach menschlichen Ausdünstungen und wir fürchteten uns sehr, weil wir sahen, dass auch Mama und die anderen Erwachsenen zitterten und schwitzten. Nur ein einziges Mal, als wir in der Stadt einen Luftschutzkeller aufsuchen mussten, habe ich in angenehmer Erinnerung, denn dort wartete mit uns eine Frau, der oben an der Straße ein Zuckerlgeschäft gehörte. Sie hatte große Säcke mit Süßigkeiten mitgebracht und wir Kinder durften nach Herzenslust zugreifen. So ließ sich das bange Warten schon aushalten!

Häufig gingen die Sirenen in der Nacht los. Da hieß es dann, schnell das Nötigste zusammenklauben und ab in Sicherheit! Manchmal dauerte es einige Stunden bis zur Entwarnung, doch viele konnten in dem beengten Miteinander nicht schlafen, und manchmal kam schon der nächste Alarm, wenn Mama uns gerade wieder ins Bett gebracht hatte – ins kalte Bett, wohlgemerkt, denn die Fenster mussten bei Fliegeralarm geöffnet werden, damit die Scheiben im Falle eines Bombentreffers nicht barsten. So mussten wir am nächsten Tag verfroren, müde und verschlafen zur Schule gehen.

Luftschutzvorschriften

Schon 1937, also zwei Jahre vor Beginn des Zweiten Weltkrieges, hatte der Reichsluftschutzbund genaue Bestimmungen für „gas-, trümmer- und splittersichere Luftschutzräume" erlassen.

Pro Person sollten 3 m² zur Verfügung stehen, im städtischen Gebiet mussten als Fluchtwege Durchbrüche zu den Nachbarkellern hergestellt werden. Außerdem mussten eine Handfeuerspritze, ein Einreißhaken, Leine, Leiter, Apotheke, zwei Eimer, ein Wasserbottich, eine Sandkiste, Schaufel oder Spaten, Axt oder Beil sowie Armbinden für den Luftschutzwart vorhanden sein.

Häuser, in denen es Luftschutzräume gab, waren mit den Buchstaben „LSK" in weißer Leuchtfarbe gekennzeichnet, oft gab ein Pfeil den kürzesten Weg zum nächsten Luftschutzkeller an. Die Zeichen an den Hausmauern sollten aber primär das Auffinden Verschütteter erleichtern. Für Passanten gab es öffentliche Luftschutzräume. Nur Häuser, in denen Juden wohnten oder die Juden gehörten, waren vom Luftschutz ausgeschlossen.

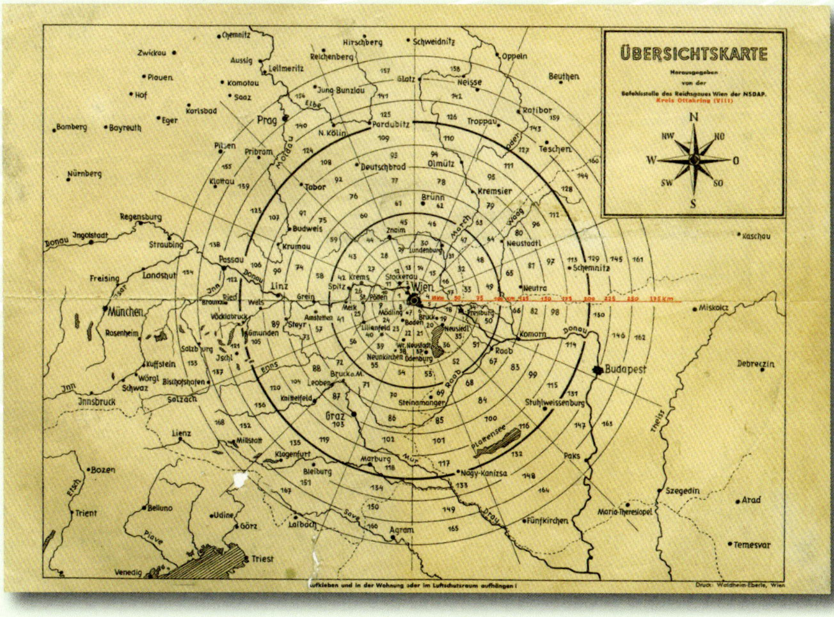

Anhand einer Fliegerkarte konnte man bei einem Bombenalarm abschätzen, wie weit die Flugzeuge noch entfernt waren.

Den seltenen Fronturlaub nützten viele Paare zu einem Ausflug.

Der lange Arm des Vaters

Natürlich vermissten die meisten von uns den abwesenden Vater. Auch bei den viel zu seltenen und viel zu kurzen Fronturlauben hatte er wenig Zeit für uns, schließlich gab es ja auch noch Mama und es war immer viel zu tun. Auf dem Land kümmerten sich unsere Väter während der wenigen Tage, die sie zu Hause waren, oft um Feldarbeit, die Verwaltung des Betriebes oder die Finanzen der Familie. Wir wussten nur, dass wir in der Zeit, in der er über das große Kassabuch gebeugt am Tisch saß, still in einer Ecke sitzen mussten und uns nicht rühren durften. Wenn er fertig war, ging er ins Schankhaus. Von den schrecklichen Bildern, die unsere Väter in ihrem Kopf verfolgten, ahnten wir Kinder nichts.

Während mein Vater in Frankreich stationiert war, schickte er immer wieder Pakete nach Hause. Darin waren getrocknete Früchte – vor allem an den Geschmack der getrockneten Feigen erinnere ich mich noch gut! – sowie Bitterschokolade und wunderschöne Samtbänder, mit denen wir Mädchen unsere Kleider schmückten und die wir uns in die Zöpfe flochten.

Auch wenn der Vater an der Front und fern von zu Hause war, galt sein Wort als Gesetz. Als mein Vater in der Feldpost einmal schrieb, dass ich ein Instrument lernen sollte, schickte mich meine Mutter sofort zu einem Klavierlehrer. Als dieser nach einiger Zeit jedoch begann, mit seiner Hand allzu vertraulich den Takt auf meinem Oberschenkel zu klopfen, weigerte ich mich, je wieder dorthin zu gehen. So endete meine Musikkarriere, bevor sie überhaupt begonnen hatte. Meine Schwester jedoch spielte wunderbar Klavier und wir lauschten immer ganz ergriffen, wenn sie ab und zu die Finger über die Tasten gleiten ließ. Wie meine Mutter das alles bezahlte, ist mir noch heute schleierhaft. Dennoch hatten die Menschen auch noch im Krieg einen Sinn für die Künste, die ihnen halfen, das Elend und die Not zumindest kurzzeitig zu vergessen.

Musik half, das Elend wenigstens kurzzeitig zu vergessen.

1945-1948

Der Krieg ist aus!

Noch ist es nicht vorbei

Der Krieg ging 1945 schon in das sechste Jahr. „Mangel" blieb unser bestimmendes Lebensgefühl: Mangel an Raum, weil bei vielen Familien Flüchtlinge einquartiert wurden, Mangel an Zuwendung, weil alle Erwachsenen mit anderen Dingen alle Hände voll zu tun hatten, Mangel an Essen, weil alles knapp war und unsere Mütter selbst jene Dinge nicht erhielten, für die sie Lebensmittelmarken oder Bezugsscheine hatten: Es gab sie einfach nicht.

In der Stadt gab es reine Mädchen- bzw. Bubenklassen.

Chronik

14. April 1945
Gründung der Sozialistischen Partei Österreichs (SPÖ).

17. April 1945
Gründung der Österreichischen Volkspartei (ÖVP).

27. April 1945
Bestätigung der provisorischen Regierung unter Karl Renner durch Sowjet-Marschall Tolbuchin.

5. Mai 1945
US-Truppen befreien das KZ Mauthausen.

7./8. Mai 1945
Bedingungslose Kapitulation Deutschlands.

6. August 1945
Die USA werfen „Little Boy", die erste Atombombe, auf die japanische Stadt Hiroshima ab, bis zu 200 000 Menschen sind sofort tot.

8. August 1945
Bedingungslose Kapitulation Japans nach dem Abwurf der zweiten Atombombe auf Nagasaki.

27. August 1945
Die von der US-Besatzungsmacht gegründete Tageszeitung Wiener Kurier erscheint erstmals.

12. November 1945
Alexander Fleming erhält für seine Entdeckung des Penizillins den Nobelpreis für Medizin.

25. November 1945
Erste Nationalratswahlen in der 2. Republik.

Juni 1947
Anlaufen des nach US-Außenminister George C. Marshall benannten Hilfsplans für Europa.

25. Februar 1947
„Land der Berge, Land am Strome" von Paula von Preradovićs wird zum Text der Bundeshymne.

21. April 1948
Die „minderbelasteten Nationalsozialisten" werden per Gesetz von den Sühnefolgen befreit.

14. Mai 1948
Gründung des Staates Israel.

Überall wurde die Stimmung grimmiger. Burschen aus dem Gymnasium wurden beauftragt, Schützengräben auszuheben. Wer bei Fliegeralarm vor dieser Arbeit flüchtete, wurde, wenn er Glück hatte, ein einziges Mal verwarnt: „Wenn du noch einmal davonläufst, erschieß' ich dich!" Beim zweiten Mal wurde Ernst gemacht. Auch wir verloren auf diese Weise Freunde und Verwandte.

Wegen des Kriegsendes hatte die Volksschule für uns chaotisch geendet: Viele Schulen waren evakuiert worden und hatten aufgrund der Versorgungsmängel erst im Herbst wieder aufgesperrt. Die Frage, in welche Schule wir nach vier Jahren Volksschule gehen sollten, stellte sich für viele von uns gar nicht. Mancherorts gab es nur eine Volksschule, da gingen auch die 11- bis 14-Jährigen hin. Die meisten von uns kamen in eine Hauptschule, die auf dem Land zumeist gemischt, in den Städten aber nach Geschlechtern getrennt geführt wurde. Ins Gymnasium gingen nur sehr wenige, meistens Burschen aus begüterteren Familien, deren Väter selbst Akademiker waren, etwa Arzt oder Anwalt. Mädchen waren dort die Ausnahme.

Das Exerzieren im Turnunterricht hörte nun endlich auf.

Die Russen kommen – auf der Flucht

Wie viele andere wurden auch wir bei Kriegsende zu Flüchtlingen. Eines Tages verkündete der Dorftrommler, dass die Russen bald bei uns eintreffen würden. Wer flüchten wollte, sollte sich bei der „BH", der Bezirkshauptmannschaft, einfinden, wo Busse bereitstanden. Mein Vater hatte Mama geraten zu flüchten, wenn die Front näher rückte, also suchte sie ein paar Habseligkeiten zusammen und machte sich mit uns Kindern auf den Weg. Wir alle, vor allem Mütter und Töchter, hatten große Angst vor den Russen. Die Nazi-Propaganda hatte die schrecklichsten Dinge über die Sowjets erzählt, und leider bewahrheitete sich später auch ein Teil davon.

In Wien angelangt kamen wir bei einer Tante unter, doch der Krieg war uns gefolgt und stand nun in Form einer „Stalinorgel" (Raketenwerfer) vor dem Haustor. In der nahegelegenen Rossauerkaserne brach Feuer aus, und alle Frauen mussten mithelfen, um Wasser aus dem Donaukanal heranzuschaffen und ihn zu löschen. Wir Kinder konnten nur durch die Fenster zusehen. Als die Geschütze endlich verstummten, klopften auch schon russische Soldaten an die Tür. In ihrer Panik versteckte die Tante meine große Schwester unter einem Bett, doch die Soldaten verlangten nur Uhren und gingen wieder. Die Aufforderung „Uhra, Uhra!" sollten wir noch oft hören.

Nach einigen bangen Tagen wurde im Radio verlautbart, dass der Krieg endlich vorbei sei und dass alle, die geflüchtet waren, ihre Häuser verlieren würden. Die Freude über das Kriegsende währte allerdings nicht lang. Als wir uns eiligst zu Fuß auf den Heimweg durch die zerbombte Stadt machten, packte uns das nackte Entsetzen: Unzählige Häuser waren zerstört und nur noch Trümmerhaufen, Brücken waren eingestürzt und auf den mit Bombenkratern übersäten Straßen lagen Tote. Dazwischen verwesten tote Pferde, um die Millionen Fliegen kreisten, weil es jetzt, Anfang Mai, bereits recht warm war. Es herrschte ein furchtbarer Gestank. Trotzdem schnitten die Menschen große Brocken aus den Kadavern: Endlich hatten sie wieder Fleisch zu essen.

Wir dachten nur eines: Der Krieg ist doch aus. Warum merken wir so wenig davon?

Die Straßen waren mit Trümmern, Bombentrichtern und Toten übersät.

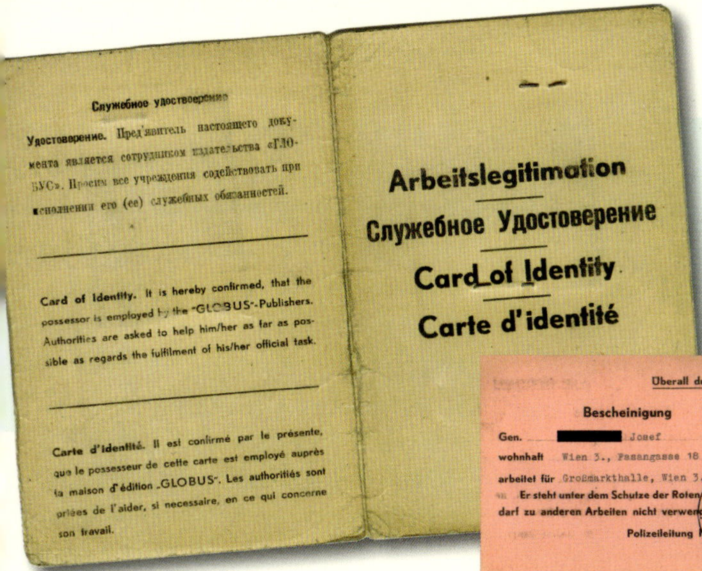

Служебное удостоверение

Удостоверение. Предъявитель настоящего документа является сотрудником издательства «ГЛОБУС». Просим все учреждения содействовать при исполнении его (ее) служебных обязанностей.

Card of Identity. It is hereby confirmed, that the possessor is employed by the "GLOBUS"-Publishers. Authorities are asked to help him/her as far as possible as regards the fulfilment of his/her official task.

Carte d'identité. Il est confirmé par le présente, que le possesseur de cette carte est employé auprès la maison d'édition „GLOBUS". Les authorités sont priées de l'aider, si necessaire, en ce qui concerne son travail.

Arbeitslegitimation

Служебное Удостоверение

Card of Identity

Carte d'identité

Wer von einer Besatzungszone in die andere wollte, brauchte einen Identitätsnachweis.

Überall durchlassen!

Bescheinigung

Gen. [redacted] Josef

wohnhaft Wien 3., Fasangasse 18

arbeitet für Großmarkthalle, Wien 3.

Er steht unter dem Schutze der Roten Armee und darf zu anderen Arbeiten nicht verwendet werden.

Polizeileitung III. Bezirk

Везде пропускать!

Удостоверение

Тов. [redacted] Иосеф

жив. в Вена 3, фасангассе 18.

работает в Базаре, Вена 3.

Он состоит под охраной Красной Армии, не должен быть задержан для других работ.

III. Полиц. Округ

Ein Passierschein der Roten Armee öffnete alle Türen.

Schockierende Rückkehr

Als wir wie Tausende andere in unser Dorf zurückkehrten, erwartete uns eine böse Überraschung: Der Krieg war zwar vorbei, aber unser Haus hatte durch zahlreiche Bombentreffer im Umkreis Risse bekommen und war außerdem geplündert worden – nicht von den Russen, sondern von unseren Mitbewohnern im Dorf. Sie hatten die Vorhänge heruntergerissen und alles mitgenommen, was nicht niet- und nagelfest war. Ich habe Monate später zum Beispiel durch das Fenster eines anderen Hauses auf einem Kästchen unseren Wecker stehen gesehen. Danach hatten sich die Russen einquartiert und im Hof ihre Feldküche eingerichtet. Doch obwohl es für unsere ausgehungerten Mägen herrlich duftete, durften wir unser Haus nicht betreten und bekamen auch nichts vom Essen ab. Dafür nahmen uns unsere Nachbarn auf, die uns auf dem Fußboden schlafen ließen und ihre kargen Mahlzeiten mit uns teilten.

Vor dem Eintreffen der Sowjets versteckten die Erwachsenen die wertvollsten Lebensmittel wie Schmalzdosen unter den Dielen oder in einem Erdloch in der Scheune, doch die Russen fanden alles. Wer den Soldaten den Zutritt verweigerte oder sich schützend vor seine Frau stellte, wurde erschossen.

Zu uns Kindern waren die meisten Besatzungssoldaten sehr nett; sie fütterten uns mit Würfelzucker, Schokolade und Dosenmilch und lachten, wenn wir unser Betteln mit einem Lächeln und einem kleinen Tänzchen unterstrichen. Wir lernten schnell und achteten darauf, möglichst jung und kindlich zu wirken, was nicht schwierig war, weil viele von uns durch die mangelhafte Ernährung ohnehin klein und schmächtig geblieben waren. Unsere älteren Schwestern wurden versteckt oder mit schwarzen Kopftüchern in alte Weiber verwandelt. Viele Frauen wurden aber trotzdem zur Beute der Befreier/Eroberer, vor allem in Ostösterreich.

Die Besatzung

Nach der Befreiung Österreichs errichteten die Alliierten vier Besatzungszonen: Grob gesprochen besetzten die Sowjets den Osten, die Amerikaner den Norden, die Briten den Süden und die Franzosen den Westen. Die Hauptstadt Wien war ebenfalls in vier Zonen geteilt, wobei der erste Bezirk von allen vier Mächten gemeinsam verwaltet wurde und der Vorsitz monatlich wechselte. Als Symbol für diese Zeit haben sich im Gedächtnis vieler Menschen die „Vier im Jeep" eingeprägt, denn die Patrouillen bestanden aus je einem Armeepolizisten der vier Besatzungsmächte.

Zum Überschreiten der Zonengrenzen benötigte man einen Identitätsausweis, der in vier Sprachen ausgestellt war. Zwischen den westlichen Zonen wurde der Verkehr relativ bald liberalisiert, doch die Russen stellten ihre Kontrollen erst im Juni 1954 ein.

Schmalhans ist Küchenmeister

Ein kleiner Garten konnte jetzt Leben retten.

Hatten wir bis jetzt geglaubt, dass alles knapp war, so gingen die lebensnotwendigsten Dinge nun wirklich aus. Brot, Milch, Mehl – bei Kriegsende war alles Mangelware. Wieder sammelten wir, vor allem Pilze, Beeren sowie essbare Wurzeln, Blüten und Blätter. Unseren Spinat kochte Mama aus Brennnesseln, Bärlauch und Sauerampfer gab es als Gemüse zu verschrumpelten Erdäpfeln. Eine Festtagstorte bestand aus Bohnen und Äpfeln, ohne Mehl und Zucker.

Auf dem Land war es vermutlich einfacher, zu etwas Essbarem zu gelangen. Wenn wir eine Freundin hatten, deren Eltern Bauern waren, fiel für uns manchmal auch ein guter Bissen ab. Außerdem wussten wir dann, wann die Bauern mit der Ernte fertig waren: Flugs wurden wir Kinder zur „Nachlese" auf die Felder geschickt, um jene Erdäpfel, Karotten und Rüben aufzuklauben, die die Bauern bei der Ernte übersehen hatten. Manche von uns standen schon Stunden zuvor am Feldrand und warteten, bis es so weit war. Und manchmal erbarmte sich der Bauer unserer mageren Gestalten und gab uns sogar selbst ein Zeichen, dass wir nun mit dem Klauben beginnen durften. Alles Essbare musste hart erarbeitet, getauscht oder geklaut werden.

Auf unserem kleinen „Krautacker" baute Mama mit unserer tatkräftigen Hilfe Zwiebeln, Knoblauch, Kartoffeln, Kohl, Kraut und „Burgunder" an, das waren Futterrüben. Eifrig pflückten wir Löwenzahn, nicht nur für die Kaninchen, er diente auch als Ersatz-Salat. Außerdem gab es eine Einteilung, welche Familie wann von welchem Bauer Milch holen durfte, bis die durch Bombentreffer beschädigte Molkerei wieder ihren Betrieb aufnahm.

In den Städten hatten die Menschen noch mehr Mühe. Einige Stadtverwaltungen gaben öffentliche Grünflächen als Anbaugebiete frei. Auf dem Wiener Heldenplatz, wo noch wenige Jahre zuvor Zehntausende dem „Führer" zugejubelt hatten, wurde nach dem Krieg Gemüse und Tabak angepflanzt. Selbst anzubauen war allerdings noch keine Garantie dafür, dass man auch in den Genuss der Früchte seiner Mühen gelangte: Wer sein Beet kurz vor der Ernte nicht bewachte, musste damit rechnen, dass sich andere daran in diebischer Weise vergriffen.

Hunger

Der Generaldirektor der UNRRA erklärte noch im Mai 1946, dass Österreich zu jenen Ländern zählte, die dem Hungertod am nächsten waren. Amtlichen Angaben zufolge wurden in den besten Zeiten 1945/46 in Österreich maximal 1550 Kalorien „offiziell" zugeteilt – das sind höchstens zwei Drittel des für einen erwachsenen Menschen erforderlichen Bedarfs. Diese Werte sanken mancherorts extrem, etwa im August 1945 in Wiener Neustadt auf 497 Kalorien. Selbst wenn man eine Arbeitsstelle hatte, konnte man sich vieles nicht leisten. Ein Arbeiter verdiente im Juni 1947 zwischen 35 und 48 Schilling pro Woche. Ein Kilo Brot kostete 1,16 Schilling, ein Liter Milch 76 Groschen, ein Kilo Speisefett 8,76 Schilling. Die Rationierung von Brot und Mehl wurde erst im Jänner 1949 aufgehoben.

Geld war nicht viel wert, das konnte man nicht essen.

Alles war knapp, auch wenn man einen Bezugsschein dafür hatte.

Der „Rucksackverkehr"

Immer wieder mal hängten sich Mütter in der Stadt einen großen Rucksack über ihre Schultern und machten sich zu Fuß, mit dem Fahrrad oder mit dem Zug auf den Weg hinaus aufs Land. Gerne nahmen sie uns dabei mit, denn unsere mageren Arme und Beine waren wirksame Appelle an das Mitgefühl der Bauern. Manche waren wirklich großzügig und schenkten hungernden Städtern ein paar Äpfel oder Karotten. Andere tauschten Gemüse für Schuhe, Schmuck und andere Gegenstände. Und dann gab es auch noch diejenigen, die heimlich Vieh schlachteten und das Fleisch „schwarz" verkauften, obwohl das streng verboten war und bestraft wurde. Allerdings waren auch nicht alle Städter ehrlich, das konnten sie sich auch gar nicht leisten. Wenn der Hunger zu groß war, klaute man Früchte aus den Obstgärten oder stahl einen Sack Getreide aus einer Scheune. Wir Kinder waren dazu besonders gut geeignet, denn wir waren klein und flink und passten durch jedes Schlupfloch.

Natürlich waren auch diese „Hamsterfahrten" verboten. Immer wieder kontrollierten die Alliierten ganze Züge und nahmen den Menschen ihre mühsam erbeuteten Schätze wieder ab. Doch da alle wussten, auch die Alliierten, dass man von den auf den Lebensmittelkarten zugeteilten Rationen nicht satt wurde, wurde immer wieder mal ein Auge zugedrückt. Und wenn Mama dann mit ein paar Kilo Kartoffeln, Zwiebeln oder Rüben wieder heimkehrte oder wenn es uns gelang, nächtens einen Eimer mit Kohlen vom Güterwaggon auf dem nahegelegenen Bahnhof zu „organisieren", hatte es sich gelohnt: Ein paar warme Stunden mit einem halbwegs vollen Bauch waren jedes Risiko wert.

Schleichhandel

Im gesamten Land blühte der Schleichhandel in Parks und Gaststätten, in Wien zum Beispiel im Resselpark am Karlsplatz. Wer tauschen wollte, stellte sich einfach mit der Tauschware in der Hand an eine Ecke. Der Tausch selbst war rasch vollzogen. Wurde man erwischt, so unterschieden die Behörden zwischen gewerbsmäßigem Handel und geringfügigen Verstößen, die aus Not begangen wurden. Wichtige Lieferanten waren die alliierten Armeeangehörigen. Vor allem US-Soldaten konnten die begehrtesten Waren – Nahrungsmittel, Zigaretten, Nylonstrümpfe – anbieten. Teilweise stammten die Waren aber auch aus USIA-Beständen. Die Preise auf dem Schwarzmarkt waren extrem überhöht: Im August 1945 zahlte man für Nahrungsmittel mehr als das 250-Fache der offiziellen Preise.

Bescheidene Feste, bescheidene Menschen

Das Licht am Weihnachtsbäumchen gab uns Hoffnung.

Weil alles so knapp war, gab es natürlich auch zum Nikolo oder zu Weihnachten nicht viel, nur ein paar Äpfel und Nüsse. Wenn Oma oder die Nachbarsfrau dann auch noch einen Nussstrudel zauberte, war unser Glück perfekt. Manchmal steckte uns eine Lehrerin ein paar bunte Holzperlen zu und ein bisschen Wolle für unsere „Strickliesl", das waren für uns wahre Kostbarkeiten.

Das Einzige, was auf dem Land relativ leicht zu besorgen war, war ein Weihnachtsbäumchen. Auch wenn sich ein Nachbar anbot zu helfen, wenn der Vater noch im Krieg oder in Gefangenschaft war, so fühlten wir uns als Burschen bereits groß genug, um selbst einen Baum zu schlägern. Dann war es an uns Mädchen, für den Schmuck zu sorgen. Oma wickelte Gipsstücke in Stanniolpapier, sodass sie wie Bonbons aussahen, wir bastelten Strohsterne und Strohengel. Sorgfältig wurde das Bäumchen selbst in der größten Not auch mit Kerzen geschmückt – es sollte unser Lichtblick in diesen dunklen Zeiten sein und uns Hoffnung geben, dass alles einmal besser werden würde.

Am Heiligen Abend standen wir um den Baum, reichten uns die Hände und sangen Weihnachtslieder. In der Nazizeit hatten wir immer „Hohe Nacht der klaren Sterne" gesungen. Als der Krieg vorbei war, verstanden wir Kinder nicht, dass dieses schöne Lied zum Liedgut der Nazis gehörte und wir es deshalb nicht mehr singen durften. Doch auch die traditionellen Weihnachtslieder wie „Stille Nacht" und „Es wird scho glei dumpa" fanden wir schön.

Eine eigene Gans war im Hungerwinter 1946/47 die Rettung.

Endlich wieder da

Manche Familien gehörten zu den Glücklichen, deren Vater/Ehemann relativ bald nach Kriegsende wieder nach Hause kam. Die Entfremdung zwischen ihm und seiner Familie hielt sich dadurch in Grenzen, nun konnten die Eltern Sorgen und Arbeit teilen, auch wenn viele Heimkehrer nur sehr langsam zurück ins normale Leben fanden.

In andere Häuser kehrte niemand zurück. Unsere Mütter, die ohnehin schon lange Zeit die Last der Versorgung allein getragen hatten, mussten sich daran gewöhnen, dass dies zum Dauerzustand wurde. Allerdings waren wir bereits alt genug, um ihnen einen Teil dieser Last abzunehmen: Auf dem Land halfen wir beim Einbringen der Ernte, beim Versorgen des Viehs, beim Melken, Buttern, Heuen ... In der Stadt kümmerten wir uns um die Wohnung oder versuchten auf eigene Faust, etwas aufzutreiben: Essbares oder Brennholz oder Stoff und Garn, um ein zerschlissenes Kleidungsstück auszubessern.

Und dann gab es Familien wie unsere, in denen der Vater zwar heimkehrte, aber so spät, dass es geraume Zeit dauerte, bis wir uns wieder aneinander gewöhnt hatten. Jüngere Kinder hatten überhaupt noch kaum Gelegenheit gehabt, ihren Vater kennenzulernen. Mein Vater kam zum Beispiel so stark abgemagert zurück, dass wir am Bahnhof an ihm vorbeiliefen, weil wir ihn nicht erkannten. Den Tag ihrer Heimkehr feierten viele Männer in ganz Österreich noch bis zu ihrem Tod wie einen zweiten Geburtstag.

Wir hatten uns vorgestellt, dass nun, wo Papa zu Hause war, alles einfacher würde, doch das war leider nicht so. Die meisten Väter waren mürrisch geworden und wir Kinder litten unter ihren Launen. Manchmal wurden wir nachts wach, wenn er im Traum schrie oder ein in Milch getunktes Brot schlürfte, weil er nicht schlafen konnte. Dann taten wir, als ob wir schliefen, und hüteten uns, seinen Unmut zu erregen, vor allem, wenn er am Abend im Schankhaus gewesen war. Viele Heimkehrer tranken regelmäßig über den Durst und wurden gelegentlich handgreiflich. Wieder nüchtern tat es ihnen natürlich leid, und

Manche Väter kehrten nie nach Hause zurück.

sie versuchten, sich auf ihre Weise bei ihrer Familie zu entschuldigen. Mein Vater brachte zum Beispiel einmal einen ganzen Kranz Extrawurst nach Hause, denn das konnte er gut: Lebensmittel organisieren.

Am meisten beeindruckt waren wir jedoch, als er uns einige Jahre später sagte, dass es ihm einfach noch immer schwerfiele, das im Krieg Erlebte zu vergessen, und uns bat, ihm zu verzeihen.

Auf Bauernhöfen in Österreich und im Ausland wurden wir wieder aufgepäppelt.

Aufpäppeln

Auch wenn bei Kriegsende Hunger und Elend herrschten, so wurde für uns Kinder doch relativ rasch Hilfe organisiert. Nach der Schule gab es für uns eine Ausspeisung, damit wir wenigstens einmal am Tag warmes Essen bekamen, meistens einen Eintopf oder Grieskoch. Außerdem organisierte das Rote Kreuz, dass wir Kinder auf Erholung in weniger von der Zerstörung betroffene Gebiete in Österreich oder ins Ausland geschickt wurden. Viele von uns hatten Angst, von zu Hause wegzugehen, und auch unseren Müttern fiel es nicht leicht, sich in dieser schweren Zeit von uns zu trennen.

Mit einem Schild um den Hals wurden wir bei der Ankunft am Bahnhof aufgestellt und die Bauern der Umgebung suchten sich Kinder aus. Ich kam auf einen Bauernhof in Kärnten, wo ich zwar reichlich zu essen bekam, aber auch bei der Obsternte mithelfen musste. Ich stopfte mich derart mit Äpfeln und Apfelsaft voll, dass ich davon einen Ausschlag bekam. Jeden Abend weinte ich mich vor lauter Heimweh in den Schlaf, doch dann wurde mir erlaubt, beim Töchterchen des Bauern zu schlafen, mit dem ich mich anfreundete. So war die Trennung von Mama leichter zu ertragen.

Bei der Rückkehr nach Hause brachte ich Läuse und Flöhe mit, eine damals überall verbreitete Plage. Meine Schwester setzte sich oberhalb von mir auf eine Stiege, suchte die Läuse auf meinem Kopf und zerdrückte die Missetäter genussvoll zwischen ihren Fingernägeln. Die Nissen kämmte sie mühevoll und schmerzhaft mit einem feinen Kamm aus. Flöhe wurden wir auf andere Weise los: Wir standen ganz still in unseren Nachthemden, warteten, bis einer zubiss, und schlugen dann blitzschnell zu. An dieser Stelle blieb dann natürlich ein blutiger Fleck im Hemd zurück, aber den Floh waren wir endgültig los.

1949-1953
Die Normalität kehrt ein

CARE – Jemand sorgt für mich!

Auch wenn sich die Versorgungslage langsam besserte, so blieben Unterkunft und Nahrung immer noch wichtige Themen. Ohne CARE-Pakete hätten viele von uns noch mehr Hunger gelitten. Dazu musste man jedoch bedürftig sein oder einen persönlichen Gönner haben. Mir schickte eine Wohltäterin aus der Schweiz mehrere Jahre lang Pakete, und nachdem meine Mama sich beim Roten Kreuz erkundigt hatte, wer denn das sei, entwickelte sich auch ein reger Briefwechsel. Meine Mutter war sehr froh über diese Hilfe, doch als mein Vater aus der Gefangenschaft zurückkehrte, schrieb er in die Schweiz, dass er nun wieder für die Familie sorgen würde und die Dame das Paket lieber einer bedürftigeren Familie zukommen lassen sollte. Das gefiel der „Patentante" so

Diese Dame unterstützte 13 Kinder in ganz Österreich mit CARE-Paketen.

Chronik

18. März 1949
Gründung der NATO (Nordatlantischer Verteidigungspakt).

30. Jänner 1950
Ermordung des 78-jährigen Mahatma Gandhi.

21. Juni 1950
Abschaffung der Todesstrafe in Österreich.

26. September – 6. Oktober 1950
Die österreichweite Streikbewegung gegen das 4. Lohn-Preis-Abkommen endet erfolglos.

4. November 1950
Unterzeichnung der Europäischen Konvention zum Schutz der Menschenrechte.

31. Dezember 1950
Tod Karl Renners, des ersten Bundespräsidenten der Zweiten Republik.

15. April 1951
Eröffnung des ersten SOS-Kinderdorfs in Imst in Tirol.

27. Mai 1951
Theodor Körner (SPÖ) wird der erste direkt vom Volk gewählte Bundespräsident der Republik.

31. August 1951
In Düsseldorf wird die erste Langspielplatte mit 33 1/3 Umdrehungen vorgestellt.

6. Februar 1952
Elizabeth II. wird Königin von England.

14. – 25. Februar 1952
Bei den 6. Olympischen Winterspielen in Oslo wird Österreich die erfolgreichste Nation.

26. April 1952
Eine begeisterte Menschenmenge begrüßt die neue Pummerin, die Glocke für den Stephansdom, auf dem Wiener Stephansplatz.

2. März 1953
Tod des sowjetischen Diktators Josef Stalin, Nachfolger als Zentralsekretär der KPdSU wird Nikita Chruschtschow.

Bei der Landverschickung kamen sich viele von uns vor wie im Paradies.

sehr, dass sie mich zu sich einlud, denn sie hatte in Österreich 13 Patenkinder, aber nur ich hatte mich bemüht, ihre Adresse ausfindig zu machen.

So wurde ich sozusagen zweimal zum Aufpäppeln verschickt, während Kinder ehemaliger Nazis oft gar nicht drankamen, auch wenn sie noch so stark unterernährt waren. Da herrschte Sippenhaftung, auch wenn wir Kleinen nichts für die Taten unserer Eltern konnten. Wie so viele in die Schweiz, nach Belgien oder nach Holland verschickte Kinder kam ich mir in St. Gallen vor wie im Paradies. Es gab heiße Schokolade, Weißbrot mit Butter und Himbeermarmelade – das musste der Himmel sein. Ich wurde völlig neu und modisch eingekleidet, was für ein Luxus! Die Sachen durfte ich nicht nur behalten, sondern erhielt bei der Heimreise auch noch Käse und anderes Nützliches für meine Familie. Einige von uns hielten noch jahrelang Kontakt mit ihren edlen Wohltätern in ganz Europa.

CARE-Pakete

Ohne die internationalen Hilfsaktionen hätte es in der Nachkriegszeit wahrscheinlich viel mehr Hungertote gegeben. Besonders bekannt wurden die Hilfspakete der in den USA gegründeten Cooperative for American Remittance for Europe (CARE). Sie wurden in ganz Österreich an Schwerarbeiter, bedürftige Familien oder zu besonderen Anlässen wie etwa zur Geburt eines Kindes verteilt. Wenn man Verwandte oder Bekannte im Ausland hatte, konnte man sich ab Juni 1946 ein Paket auch direkt senden lassen. Dazu zahlte der Verwandte einen gewissen Betrag (10 US-Dollar) ein und schickte die Bestätigung an die Familie in Österreich, die sich mit diesem Schein das Paket abholen konnte. Darin befanden sich wahre Schätze: Lebensmittel mit einem Nährwert von rund 40000 Kalorien, unter anderem Rindfleisch in Kraftbrühe, Corned Beef, Speck, Butter bzw. Margarine, Schweineschmalz, Reis, Zucker, Honig, Schokolade, Kaffee und Milchpulver. Das CARE-Programm für Österreich wurde erst 1955 eingestellt.

In der Schule blieben nur wenige

Einige wenige von uns hörten nach der Hauptschule nicht auf, in die Schule zu gehen. Wer in ein Gymnasium ging, blieb meistens bis zur Matura dort, so schwer sich viele auch mit höherer Mathematik, Latein und Altgriechisch taten. Lehrer und Eltern erwarteten von uns, dass wir uns besonders anstrengten – die Schule kostete Geld und war ein Privileg –, das trieb die zarter Besaiteten unter uns bisweilen zur Verzweiflung. Oft herrschte noch der militärische Umgangston aus den autoritären Regierungszeiten und wir hatten das Gefühl, dass es manchen Lehrern gar nicht wirklich darum ging, uns etwas einzutrichtern, sondern vielmehr, unseren Willen zu brechen, wie „Gott Kupfer" in Torbergs „Der Schüler Gerber".

Eine Maturaklasse mit Mädchen war noch eine Seltenheit.

Ein paar von uns durften eine Handelsschule besuchen, wo wir Buchhaltung und das Führen von Geschäften lernten. Viele Mädchen wurden in eine Haushaltungsschule geschickt, abwertend „Knödelakademie" genannt, wo Kochen, Handarbeiten und Haushalten gelehrt wurden. Ob uns das wirklich interessierte, wurden wir selten gefragt. Wir lernten, was von uns erwartet wurde, und nach all den schrecklichen, grausamen, entbehrungsreichen Zeiten waren wir einfach nur froh, dass nun langsam wieder so etwas wie Regelmäßigkeit und Vorhersehbarkeit in unser Leben trat.

In den Handelsschulen lernten wir, wie man einen Betrieb führt.

Im Internat wurden Freundschaften fürs Leben geschlossen.

Vor- und Nachteile des Internats

So wir in einem Internat untergebracht waren, war unsere leibliche Versorgung gesichert – und in den meisten Fällen auch unser spirituelles Wohl, denn der Großteil der Internate wurde von kirchlichen Stellen betrieben. Auch wenn wir mit den Patres insbesondere in den freien Stunden viel Spaß hatten, so achteten die Brüder streng darauf, dass Zucht und Ordnung herrschten. Das bedeutete frühe Bettruhe, täglichen Kirchgang um 6 Uhr morgens und Stillschweigen beim Essen sowie in den Lernstunden. Wer etwas anstellte, musste zur Strafe die Fußböden schrubben. Eines meiner Vergehen war es zum Beispiel, dass wir uns einen „Detektor" bastelten, eine Art Miniradio mit Spule, Widerstand, Kristall und Antenne, mit dem wir Musik hören wollten. Er funktionierte sogar, aber natürlich wurden wir erwischt. Putzdienst!

Einige von uns bewarben sich darum, ministrieren zu dürfen, denn dann konnten wir, wenn wir zum Messdienst in andere Kirchen geschickt wurden, zumindest kurzzeitig das Internat verlassen. Mit insgesamt 2000 Ministranten feierten wir mit Kardinal Innitzer die Messe in der Kirche am Hof anlässlich des Österreichischen Katholikentages 1952 auf dem Wiener Heldenplatz.

Nach Hause reisen durften wir nur alle paar Monate, das erste Mal im Schuljahr erst zu Allerheiligen, dann zu Weihnachten und dann erst wieder zu Ostern. Wie sehr uns das Heimweh plagte, zeigten wir jedoch nicht vor unseren Mitschülern, aus Angst, ausgelacht zu werden.

Eine Berufsschulklasse voller Mechaniker war nur schwer zu bändigen!

Traumberufe und Realität

Der Vater entschied, welchen Beruf wir erlernten.

Für die meisten von uns begann nun das Berufsleben, doch die wenigsten durften ihren Traumberuf erlernen. Vor allem bei uns Mädchen wurde nicht lange gefackelt: Was sich anbot, wurde genommen. Schließlich sollte es ohnehin nicht allzu lange dauern, bis wir einen Mann fanden, dem wir den Haushalt führen würden. Marias Lehrer hatte ihrem Vater geraten, sie wegen ihres Talents Modezeichnerin werden zu lassen. Wie bei vielen anderen entschied der Vater für sie: „Das ist ein Hungerleiderberuf! Sie muss ins Milchgeschäft." So kam es auch. Herbert, der gern Autoelektriker – einen heute ausgestorbenen Beruf – erlernt hätte, wurde Automechaniker, um später den Transportbetrieb seines Vaters zu übernehmen. Wir waren es einfach gewohnt zu gehorchen: unseren Eltern, unseren Lehrern, unseren Lehrherren.

Dass „Lehrjahre keine Herrenjahre" sind, mussten einige von uns am eigenen Leib erfahren, wenn sie strenge Lehrherrn „erwischten", die auch handgreiflich wurden, wenn wir eine Arbeit nicht nach ihren Vorstellungen verrichteten. Andere zogen ein besseres Los und hatten Ausbildner, die ihnen mit Geduld den Einstieg in den Berufsalltag erleichterten.

Zu den Kollegen im Betrieb hatten wir ein gutes Verhältnis, wenn wir nicht zu frech waren.

USIA

USIA ist die Abkürzung für die russische Version des Ausdrucks „Verwaltung des sowjetischen Besitzes in Österreich". Damit wurden rund 300 Industriebetriebe sowie 140 land- und fortwirtschaftliche Betriebe zusammengefasst, die die Sowjets als „deutsches Eigentum" beschlagnahmt hatten. Darunter waren die ÖAF (Österreichische Automobil-Fabriks-AG), die Porr AG, Osram-Glühbirnen, das Wiener Dianabad und die Rosenhügel-Filmstudios. Nicht direkt der USIA, doch ebenfalls der UdSSR unterstanden auch die SMV (später ÖMV bzw. OMV – österreichische Mineralölverwaltung) und die Donaudampfschifffahrtsgesellschaft DDSG.

Insgesamt waren an die 53 000 Menschen in den USIA-Betrieben beschäftigt, wo bekannt gute Löhne gezahlt wurden. Außerdem waren zahlreiche Betriebskindergärten vorhanden, zu einer Zeit, als diese in Österreich noch Mangelware waren. Die USIA-Betriebe waren dem Einflussbereich der österreichischen Behörden entzogen und wirtschafteten nur für die UdSSR. Da sie hier keine Steuern zahlten, konnten sie ihre Waren billiger verkaufen. Bis zum Ende der Besatzungszeit galten Menschen, die bei USIA-Betrieben kauften, als „Landesverräter", und noch 1953 berichtete die Frauenzeitschrift „Die Frau" über „Wiener Hausfrauen, die sich um ein paar Silberlinge verkaufen". Mit dem Staatsvertrag gingen die USIA-Betriebe 1955 in den Besitz Österreichs über, wo sie den Kern der verstaatlichten Industrie bildeten.

Unser erstes eigenes Geld

Im Büro, im Verkauf oder in einer Werkstätte verdienten wir nun unser erstes eigenes Geld. Als Lehrling erhielten wir zwischen 120 und 280 Schilling im Monat (ca. 8,70 – 20,40 Euro), wobei die meisten von uns zu Hause ein „Kostgeld" hergeben mussten. Es war selbstverständlich, dass alle etwas zum gemeinsamen Haushalt beitrugen, und wir übernahmen gern unseren Anteil daran. Obwohl wir über den Rest des Geldes frei verfügen konnten, taten die meisten von uns das sehr sparsam, denn auch das hatten wir bisher nie anders kennengelernt: Gehe sorgfältig um mit dem, was du hast, und verschwende nichts.

In der Berufsschule lernten wir ganz nützliche Dinge.

Endlich Zeit dafür, die Seele baumeln zu lassen.

Verlorene Kindheit

Noch immer trafen wir uns gern mit unseren Freunden – wenn es sich einrichten ließ zwischen unseren zahlreichen Pflichten. Oft genügte es schon, sich auf ein paar Stunden „abzuseilen", einfach weg zu sein von allem. Was gab es Schöneres, als in der Wiese zu liegen und sich Witze zu erzählen oder über seine Träume zu philosophieren? Um uns wenigstens ein kleines Stück unserer gestohlenen Jugend zurückzuholen, spielten wir nach wie vor leidenschaftlich Fußball oder wir gingen mit unseren Freunden zum nächsten Teich bzw. Fluss, sprangen ins kühle Nass, tauchten uns gegenseitig unter und schwammen um die Wette ans andere Ufer.

Ab ins kühle Nass!

Im Winter funktionierte das fast genauso gut: Irgendwo fand sich immer ein Hügel, wo wir mit Rodeln oder Skiern Wettrennen fuhren. Zerbrochene Skier wurden einfach wieder geflickt, und dann ging es ab zum Skijöring rund um das Dorf. Und noch immer hatten wir einen Heidenspaß an Schneeballschlachten. Wir rieben unseren Freunden die Gesichter mit Schnee ein und steckten ihnen eiskalte „Lieferungen" in den Hemdkragen. Wie Kinder eben, die wir nie richtig gewesen waren und nie wieder sein würden.

Skijöring: Im Winter der größte Spaß!

Bei den Pfadfindern fanden viele eine neue Heimat.

Unsere Welt wird größer

In der Gemeinschaft fanden viele von uns Freude und Zusammenhalt: Kegelverein, Gesangsverein, Rote Falken oder Pfadfinder boten uns nicht nur Geborgenheit, sondern auch Abenteuer. Manche Vereine organisierten Ausflüge und sogar kleine Reisen, und so lernten einige von uns schon wenige Jahre nach dem Krieg andere Teile Österreichs oder gar Italien kennen. 1951 nahm ich am Weltpfadfindertreffen in Bad Ischl teil. Dort kamen mehr als 20 000 „Pfaderer" aus aller Welt zusammen. Wir schliefen in Zelten, die wir selbst errichteten, kochten für uns selbst mit den Vorräten, die jede Delegation am Beginn des Treffens zugeteilt bekam, und hatten sogar ein eigenes Postamt. Beim Schwimmen, Singen und am Lagerfeuer konnten wir es endlich einmal genießen, jung zu sein.

Musik, Lagerfeuer, Gemeinschaft – endlich wurde unsere Jugend schön!

Manche von uns kamen schon früh sogar bis nach Venedig!

Bald gab es wieder Kirtage und jedes Jahr am 30. April wurden die Maibäume aufgestellt – wenn sie nicht in der Nacht davor von Burschen aus dem Nachbardorf gestohlen worden waren, weil sie nicht gut genug bewacht wurden. Gestohlene Maibäume mussten ausgelöst werden: Meistens musste die bestohlene Gemeinde den Dieben Speis und Trank als „Lösegeld" darbringen.

Von unserem geringen Lehrlingslohn konnten wir uns gelegentlich auch einen Kinobesuch leisten. Zum Preis von 1,20 bis 2,50 Schilling ließen wir uns dann in eine andere Welt entführen. Doch Maria Schell, Hardy Krüger und O. W. Fischer waren nicht die Einzigen, die sich dort näher kamen. So manche von uns berührten im Dämmerlicht des Kinosaales erstmals mit bebenden Fingern die Hand der Angebeteten und erlebten, wie ihr Herz vor Aufregung bis zum Halse schlug.

„Der dritte Mann" und andere Kinofilme

Carol Reeds berühmter Film „Der dritte Mann", der 1950 in die Kinos kam, handelt vom Schwarzmarkthandel im besetzten Wien der Nachkriegszeit. Berühmt geworden ist nicht nur die Verfolgungsjagd in den Wiener Abwasserkanälen, sondern auch die Filmmusik des Grinzingers Anton Karas, vor allem das auf der Zither gespielte „Harry-Lime-Thema".

Kinomagneten waren für uns aber auch große Hollywoodfilme wie „African Queen" mit Humphrey Bogart und Katherine Hepburn (1951), das Melodram „Endstation Sehnsucht" mit Marlon Brando und Vivien Leigh (1951), der Western „Zwölf Uhr mittags" mit Gary Cooper und Grace Kelly (1952) sowie „Verdammt in alle Ewigkeit" mit Burt Lancaster (1953), in dem der japanische Angriff auf Pearl Harbor filmisch bearbeitet wurde.

Auch die österreichische Filmindustrie kam wieder auf die Beine, produzierte aber hauptsächlich Heimat- und Operettenfilme. Der Regisseur Willi Forst, der während der Nazizeit aus Vorsicht nur vier Filme produziert hatte, darunter „Wiener Blut" (1942), unterhielt sein Publikum mit „Im weißen Rössl" (1952) und sorgte mit „Die Sünderin" (1951), in dem Hildegard Knef kurz nackt zu sehen war, für einen handfesten Skandal.

Manch eine angelte sich gleich zwei Verehrer!

Wir schwingen das Tanzbein

Ebenso aufgeregt waren wir im Tanzkurs, den viele von uns mit 16, 17 Jahren besuchten. In der Stadt gab es dafür eigene Tanzschulen, auf dem Land wurden alle paar Monate Kurse im Hinterzimmer des Gasthauses abgehalten. Da standen wir nun in zwei Reihen, Mädchen und Burschen einander gegenüber aufgestellt, und lauschten den Ausführungen des Tanzlehrers, der die Schritte mit seiner Gattin vorführte. Dann durften die „Herren" die „Damen" zum Tanz auffordern und die Schritte wiederholen, doch oft waren wir Mädchen hauptsächlich damit beschäftigt, unsere Füße vor denen unseres Tanzpartners in Sicherheit zu bringen. Obwohl es durch den Krieg auch in unserer Generation weniger Burschen als Mädchen gab, war es trotzdem eine Schmach, wenn man als Dame nicht erwählt wurde. Dann wäre man am liebsten im Boden versunken!

English Waltz, Foxtrott und Walzer fanden die meisten von uns langweilig, das war verstaubtes Standardrepertoire. Modern waren jetzt Boogie-Woogie und Jive. Zu Bill Haleys „Rock around the Clock" fegten wir übers Parkett – was für uns Mädchen gar nicht so leicht war, trugen wir doch hohe Bleistiftabsätze, wenn wir die rasanten Tanzschritte ausführten. Aber „ohne" hätten wir uns zum Tanz nicht außer Haus gewagt.

Für den Feuerwehr- oder den Maturaball nähte uns eine Bekannte, Verwandte oder Mama selbst ein Ballkleid. Als Burschen legten wir am Ball unser Geld zusammen, um eine Flasche Wein zu kaufen, mit der wir unsere Angebeteten bewirten konnten. Ein paar Schillinge behielt aber jeder im Hosensack, damit er „sein" Mädchen an der Bar auf ein „Stamperl" (Schnaps) einladen konnte. Der Heimweg endete nicht selten spätnachts oder frühmorgens in einer „Kellerpartie", das heißt, im Weinkeller eines Verwandten.

Das erste eigene Ballkleid war meistens selbst genäht.

Endlich konnten wir wieder unbeschwert lachen.

So waren wir als Burschen fein angezogen ...

Mode wird endlich zum Thema

Endlich wurde Mode ein großes Thema. Meine Mutter fuhr mit meiner Schwester und mir einmal im Jahr vor Weihnachten nach Wien, wo wir beim „Gerngroß" oder beim „Herzmansky" – DEN Großkaufhäusern auf der Mariahilferstraße – von Kopf bis Fuß neu eingekleidet wurden. Dort gab es auch eine Modenschau, genauso wie im Gartenbau-Kino vor der Filmvorführung. Endlich gab es feine Stoffe, die nicht mehr kratzten, und endlich gab es wieder Farben! Noch bis vor Kurzem waren wir froh über jedes warme Kleidungsstück gewesen, ob es nun braun oder grau war. Nun wollten wir weit schwingende Taftröcke, unter denen wir, wenn wir es uns leisten konnten, steife Unterröcke aus Nylon anhatten, damit sie weit abstanden. Dazu trugen wir Jäckchen mit Pepita-Muster und breite Gummigürtel mit großen Schnallen, damit unsere Taillen schön schlank aussahen.

Unverzichtbar waren dazu echte Nylonstrümpfe, mit 25 Schilling pro Paar aber relativ teuer. Wenn sich eine Laufmasche zeigte, trugen wir sie in die Repassieranstalt, wo sie relativ günstig repariert wur-

... und so sah unser „Freizeitlook" aus.

Ein echter „Schlurf" trug Lederjacke!

Viele Burschen sparten auf ein eigenes Motorrad.

Auch wir Mädchen beherrschten schwere Maschinen.

den. Die Verwegenen unter uns Mädchen schlüpften auch schon mal in „Fischerhosen", die sehr schmal geschnitten und daher extrem figurbetont waren. Das wagten allerdings nur die Mädchen aus der Stadt – auf dem Land waren Mädchen in Hosen undenkbar.

Modetechnisch reichte es für die Burschen, wenn sie das relativ lange Haar mit Pomade zurückfrisierten, in enge Röhrlhosen, Ringelsocken und spitze Schuhe schlüpften und zum einfarbigen Hemd eine schmale Krawatte trugen. Immer öfter sah man Jungs auch in Blue Jeans und Lederjacke – kurz bevor James Dean diesen Look salonfähig machte.

Die Krönung des Outfits wäre ein Roller, ein Motorrad oder ein Auto gewesen, damit hätten wir die Mädels wirklich beeindruckt. Leider konnten sich nur die wenigsten ein solches Gefährt leisten, und den Führerschein durften wir ohnehin erst mit 18 machen. So gingen wir weiterhin zu Fuß in unsere Lieblingslokale, wo wir ein Cola oder ein Kracherl bestellten: wohlgemerkt nur eines, denn mehr konnten wir uns nicht leisten.

Das andere Geschlecht

An die Besatzungssoldaten hatten wir uns schon längst gewöhnt und einige Mädchen gingen auch mit ihnen aus, was die einheimischen Burschen nicht gerne sahen. Wenn es sich um einen schwarzen GI handelte, wurde das Paar auf der Straße schief angesehen, und unsere Eltern warnten uns vor dem „gefährlichen Umgang" mit „den Negern". Vielen von uns war das egal und wir liebten ihre Musik, auch wenn Jazz und Blues für unsere Eltern nur „Negermusik" war. Für uns ging bei Jerry Lee Lewis und Elvis Presley erst

An die Besatzungssoldaten hatten wir uns längst gewöhnt.

richtig die Post ab, und in der Hitze des Jive erkannte niemand, warum genau wir nun schwitzten: wegen der Musik oder wegen der Nähe zum anderen Geschlecht?

Dabei kannten sich einige von uns schon ganz genau aus, wie denn das so läuft zwischen Mann und Frau, denn es gab die merkwürdigsten Informationsquellen. In unserer Hauptschule im Kloster hatten wir zum Beispiel anonym Fragen in einen Karton werfen dürfen, die einmal im Monat von den Schwestern – sehr ehrlich – beantwortet wurden. Die meisten von uns waren allerdings, was die Details anging, auf ihre Fantasie angewiesen.

Einige, die ihre große Liebe schon gefunden hatten, dachten bereits ans Heiraten, doch gerade bei diesem schönen Thema holte manche die Nazizeit wieder ein. Damals hatten sich zwischen manchen Familien tiefe Gräben aufgetan, die in einigen Fällen nicht zu überbrücken waren, vor allem nicht, wenn dabei ein Sohn oder Bruder zu Tode gekommen war. Da wir als Mädchen unter 21 Jahren aber für eine Heirat die Unterschrift des Vaters benötigten, musste manches Paar noch drei lange Jahre warten, bis es sich den Traum von der gemeinsamen Zukunft erfüllen konnte.

Dann aber, Hand in Hand mit dem bzw. der Liebsten, stand dem Glück nichts mehr im Wege. Hoffnungsvoll blickten wir in die neue Zeit, die nun, da Friede und Wirtschaftswunder in Österreich Einzug hielten, viele Verheißungen für uns bereithielt. Wir waren bereit, unser Schicksal in die Hand zu nehmen!

Wir waren bereit für das Glück zu zweit.